LES SECRETS DESCOVVERTS

DES ARTS, TANT DE
Pharmatie que de celuy de Distiller,
vulgairement nommé Alchemie,
ou Spargirie: par le moyen desquels
l'on paruient à la perfection; tant par
Theoricque que practique, à rédre
l'Or Potable, succinctement dé-
duicts en forme de Dialogue.

*Oeuure non moins necessaire que profitable
à tous Amateurs de science.*

De l'inuention de GODEFROY ROVSSEL,
Maistre Appoticaire à Paris.

DEDIE' AV ROY.

A PARIS,

Et se vendent par l'Autheur, ruë de la Sauon-
nerie, entre la pierre au laict & la place aux
veaux: Chez Guillaume Baudeau,
Maistre Chandellier. 1613.

Auec Priuilege de sa Majesté.

AV ROY.

IRE,

Ie produicts au iour, inspiré
d'Appollon , & fauorisé de
Minerue, les plus belles fleurs
que nature reçelle en son iar-
din: Tres-vtile pour vostre
Majesté, affin de la faire viure en vne grande longueur
d'années, en heureuse santé, e-
stans de telle merite i'eusse fait
tort à mon deuoir, à l'obliga-

4

tion & seruices que naturelle-
ment ie vous doibs, SIRE, si
ie ne vous eusse presenté ce petit
discours qui contiët les Secrets
descouuerts des Arts, tant de
Pharmatie que celuy de distiller, que ie dedie à vostre Majesté, pour luy faire veoir par
les loix de la Nature, que l'or
est rendu Potable, encore qu'il
ne soit en vsage pour estre. in-
cogneu, à cause que Minerue
en tient la practique cachee au
plus profond de son Cabinet,
laquelle toutesfois m'a honoré
de me l'a donner, pour la con-
sacrer à vostre Majesté, aussi

bien que celle des autres medicaments , qui conseruent la
santé : en attendant , S I R E,
qu'il plaira à Dieu , & à vostre Majesté , que i'en cultiue
les fruicts pour vous les presen-
ter pour estre

De vostre Majesté,

Le tres-humble, tres-fidelle, &
tres-obeïssāt seruiteur & subject,
GODEFROY ROVSSEL.

AV LECTEVR.

'ART de distiller vulgairement appellé Alchemie laquelle ie traicte (Amy Lecteur) est vne science approuuée par aucuns, & par d'autres des-approuuée. Ceste diuersité faict que plusieurs demeurent incertains de la verité d'icelle. Laquelle est fort difficille à cognoistre, (encore qu'il n'y ait rien si vray :) Attendu mesme que les Docteurs qui en ont es-

cript, la rendē confuſe par des
diſcours, qui ſemblent ſe contrarier, à cauſe que leur intentiō
eſt couuerte du voille de l'enig-
me, ou bien ſe doibt-elle entē-
dre par vn ſés miſtique ou alle-
goricque, qui a occaſionné pluſieurs à ſe laiſſer emporter à la
perſuaſion ou pluſtoſt à l'opinion préjugée, que fondee ſur
raiſons naturelles, & ſe ſont tant
oubliez que la condampner, ſãs
vouloir prédre la peine à techer-
cher le fondement d'icelle, &
qui ſont ces principes & cauſes,
pour ſçauoir s'ils ſōt neceſſaires,
& profitables à l'vſage des hommes. D'autant qu'il n'y a ſcience
ny Art tel qu'il ſoit, qu'il n'ait

eſté

esté institué, pour aider nature
ou estre aidé par elle, pour nous
apporter proffict : Si ce n'est les
faulx & sophistes, inuentee par
la malice d'aucuns hommes, qui
fermant la porte à leur honneur
& à leur conscience, se sont iet-
tez dedans le precipice de toute
meschancetez, auquel lieu ils
ont trouué des Arts illicittes &
dampnables, peruertissant les
choses bonnes & vtiles aux hô-
mes, qu'il font tourner & changer à leur détriment & dômage.
Comme les Arts des Sorciers,
des empoisonneurs, adultera-
teurs de metaux & faulx mon-
noyeurs: La differance dônc des
bôns Arts se remarquent en ce

†

qu'iceux ont esté inuentez à l'vtilité des hommes. Car encores que toutes les choses qui sont engendrées & produictes de la nature, soient parfaictes pour leur regard. Neantmoins pour nostre respect elles sont dictes imparfaictes, si elles ne sont appropriez & preparez par l'Art qui leur sert de matiere, Comme le bois sert de matiere aux mehuisiers, le fer aux ferruziers, la farine aux Boullangers, le chanure aux Tixerans, l'Or & l'Argent aux Orsebures, les medicaments aux Appoticaires & Distillateurs, affin que chacun d'eux des disposant pour nous seruir, tant pour les vstanciilles

de mesnage, que pour nous
nourrir, nous vestir & medica-
menter. C'est pourquoy Dieu à
donné à l'homme la raison, la
main & la necessité des choses.
Sçauoir la raisõ pour ratiociner,
la main pour agir, & la necessité
mere de l'inuention & des Arts,
affin d'esguiser son esprit, tant
par la côtemplatiue que par l'a-
ctiue, pour considerer, imitter,
& suiure nature, selon qu'elle
agist par la verité qui nous faict
tenir son chemin, cõme le men-
songe nous esgare & faict per-
dre la piste d'icelle: Ceste raison
doibt bien se garder à ne prendre l'vne pour l'autre, d'autant
que la difficulté consiste à les

bien difcerner pour eftre de
face, de port, de grace, & paru-
re femblable, & cheminent de
mefme mouuement, finon que
la verité préd le droict chemin,
& le menfonge le gaufche, Ce
droict chemin eft celuy-là ou
nature commmééce, & où iufques
elle finit, qui affeurera noftre
iugemét iufques où il faut qu'il
plante ces bornes, dedans lefquels nous pourrons rédre l'or
Potable, contre l'opinion de
ceux qui mal-entédus és fecrets
de la nature, affirment que l'or
ne fe peut rendre Potable, difāt
eftre de fubftace impaffible laquelle ne fe peut changer côtre
fa nature. N'eftāt cet Argumét

fondé que sur l'opinion fille du
menſonge, qui les y a perſuadés
& non ſur l'experiance fille de la
verité, faict auſſi que la conſe-
quéce n'en peut eſtre veritable,
Comme la raiſon le demóſtre.
Car eſtant l'Or compoſé de la
matiere des elements, dont ſa
forme eſt engendrée par les
corps ſuperieurs, il ne ſe peut
faire qu'il ne ſoit ſubject a la vi-
ciſſitude & reuolution d'iceux.
Ie veux croire que la cauſe qui
le rend impaſſible prouient de
ſa parfaicte coction & digeſtió,
par laquelle la compoſition de
ſes elements ſont ſi forts coate-
nez & liez enſemble, que l'vn
ne peut ſurmonter l'autre, qui

faict qu'il resiste au feu, à l'air, à
l'eau, & à la terre qui ne le peuuent resoudre, corrompre, enroüiller, & pourrir. Estant dóc-
ques ceste digestion la base &
fondement laquelle faict que sa
substance demeure indompta-
ble & impassible, si icelle luy e-
stoit ostée, & que ses elements
fussent deliez. Il ne faut doub-
ter qu'il seroit rendu Potable.
Pour y paruenir, il est besoing
de le decuir Comme cela se fait
quand il est rédu en sa premiere
matiere, laquelle n'est autre cho
se que separer ses elements, qui
se faict par le moyen d'vne chose semblable à luy, laquelle e-
stant aidée par la nature & de

l'Art, l'or est rendu Potable &
plus parfait qu'il n'est en sa substance metalicque, qui est tout
le secret, dont le presẽt discours
resoult les difficultez, où ie prie
le Lecteur en le lisãt d'emploier
son iugement sur la verité de
l'Art, d'autant qu'il est fondé
sur les principes & causes naturelles, Comme sur vn pillier sta-
ble ou il est asseuré. Mais la difficulté d'iceluy cõsiste à cognoistre ceste matiere propre pour
y paruenir, laquelle est vnicque
où ie puis dire que si elle estoit
perduë ou perie au monde, il
seroit impossible de rendre l'Or
Potable. Et neantmoins il se
voit plusieurs Operateurs, les-

quels trauaillent sur plusieurs
matieres qui tesmoignent qu'ils
sõt portez à ce faire par l'opiniõ
& non par la science de l'Art,
qui fait que leur labeur abboutit à vne mauuaise fin, qui rend
le mespris d'icelle sciéce, causée
par leur ignoráce, laquelle trou-
ble leur cerueau. Ceux-là res-
semblent à l'ignorant Ixion, lequel pẽsant embrasser la Déesse
Iunon ne tint qũ'vne nuë, & qui
neantmoins pour punition de
sa temerité est chacũ iour tour-
menté, a l'agitation continuel-
le d'vne rouë. Ie conseille dong
ceux qui veullent rendre l'Or
Potable, ou faire la pierre dés
Philosophes, de ne tomber à
cet

cet accident, en preuoyant à
cognoistre ceste seule matiere,
laquelle ne s'amende que sur sa
nature, & ne s'augmente que
par la nourriture. Estás certains
d'icelle matiere, il faut apres cō-
siderer ces loix, car d'y contrarier seroit forcer le destin, & res-
sembler à ces Geans, qui vou-
loient escallader le Ciel, & pour
y paruenir entassoient montagne dessus montagne, dont leur
labeur à seruy de les escrazer,
pour auoir esté trop presomp-
tueux d'entreprendre par delà
leur puissance. Bel aduertisse-
ment à qui le sçait comprendre
pourquoy faire plus aisement
I'ay tissu ce Traicté, lequel est

† †

diuisé en deux Dialogues, le
premier faict veoir qu'en la generation nature à cinq parties
principalles, sçauoir la matiere,
la forme, le mouuemét, le téps
& le lieu dont la matiere & la
forme sont pour principe, &
pour les causes sont l'efficiente,
la finalle, l'exéplaire, & l'instrumentalle, que ceste nature estát
le principe du mouuement &
du repos, faict que la priuation
est entre la matiere & la forme,
la matiere est entenduë les quatre Eleméts, la qualité desquels
agissent l'vne en l'autre, & l'vne
apres l'autre, selon que les actiues dominent les passiues, qui
faict naistre la complection ou

qualitez , tant materielles que
formelles des medicaments. La
cognoiſſance deſquels ſe remar
quent par leurs accidens, tant
inſeparable que ſeparable, qui
ſubſiſtent dedans leurs corps
& de leurs parties dont leurs facultez ſe diuiſent en trois. Le ſe-
cond Traicté apprend comme
il faut preparer les medicaméts
& principallement a rendre l'or
Potable, apres quelque deſciſiõ
de certains poincts , qui ſem-
blét ſe contrarier, & bref les reigles de l'Art y ſont autát ſerieu-
ſemét que ſuccinctemét repre-
ſétez conformement à celle de
la nature, qui nous en facilite le

† † ij

chemin , auquel ie conseille
(Beneuole Lecteur) de suiure
si desirez paruenir à l'Art de
distiller.   Et excuser s'il vous
plaist les faultes faictes tant par
l'octographe, dont la quantité
ne peult estre particulierement
remarquée , non plus que les
poincts, virgulles , & accents
mal appropriez, que aussi sur les
dictions qui depraue le sens de
l'autheur, toutes lesquelles choses ont esté faictes par la faute
de l'Imprimeur, dont les plus
signalés sont remarqués par les
Errata , selon qu'il se voit en la
page suiuante.   Adieu.

Errata.

Folio 1. ligne 7. lifez Theorique pour Thorique.

f. 2. li. 3. lifez debuoir pour bebuoir. Au mefme f. li. 4. lifez debuez pour debnez.

F. 12. oftez &, entre nature d'inftrument. Au mefme f. li. 21. lifez commençons pour commencerons.

F. 13. li. 2. lifez caufes pour caufe. Au mefme f. li. 3 lifez effences pour effence. Au mefme f. li. 4. lifez elles pour elle.

F. 26. li. 14. lifez pareille à, pour pa. 1.

F. 29. li. 20. lifez l'acerbe pour la ferbe.

F. 31. li. 10. lifez cerbe pour ferbe.

F. 33. li. 22. lifez lenie pour leuie. Au mefme f. li. 10. lifez anodine pour anodiue.

F. 41. li. 3. lifez veffier pour veffie.

F. 43. li. 13. lifez lenient pour leuient.

F. 44. li. 9. lifez fuligineufe pour fulgineufes. Au mefme f. & li. lifez és pour de: Au mefme f. li. 11. lifez lenier pour leuier.

F. 45. li. 16. lifez és pour de.

F. 51. li. 10. lifez Englutine pour Englutiue.

F. 56. li. 7. lifez humides pour thumides.

F. 61. li. 5. lifez retentriffe pour retentriffent.

F. 62 li. 22. lisez l'elan pour l'eau.
F. 100. li. 13. & 14. lisez ruiubes pour premieres. Au mesme f. 22. lisez au lieu de ont, leur vertu est en.
F. 121. li. penultiesme lisez contribuë pour contribue.
F. 125. li. 19. lisez estans pour estimants.
F. 127. li. 16. lisez sept pour ces.
F. 131. li. 9. lisez accendente pour accidéte.
F. 132. li. 10. ostez est, apres tempenature. Au mesme f. li. 20. ostez y, apres il.
F. 133. li. 2. lisez dissimilese pour dissimileres. Au mesme f. li. 3. lisez la Crasse pour les Crasses.
F. 139. li. 9. lisez fuligineuses pour fuligineuses.

LES SECRETS

DESCOVVERTS DES ARTS TANT DE LA Pharmatie

que de celuy de distiller? Vulgairement nommé Alchemie ou Spargirie, par le moyen desquels on paruiet à la perfection Tant par Thoricq' que par Practique à rendre l'or potable succinctement déduits en forme de Dialogue.

Premier Dialogue. Entre-parleurs, Maistre, & l'Aspirant en la Maistrise de Pharmatie.

LE MAISTRE

On ne sçauroit trop honorer ceux qui par leur merite sont portez par les aisles de leur courage aux sciences, pour lesquels nature les a faict naistre. Ie ne fais aucū doubte (Amy trescher)

A

que vous qui aspirez à la Pharmatie,
n'ayés employé vostre temps à l'intelligence d'icelle poussé du bebuoir que
debuez enuers Dieu, pour vous en acquitter enuers les hommes. Ie croy
que ce iourd'huy iour de vostre Exa-
men, vous rendrez tesmoignage en la
presence de tous vos Maistres de la
bône opinion que ie lis en vostre face
y remarquant vn œil gay, vn front
polly & des ioues ardnnement ver-
meilles, accident prouenât d'vn cœur
porté de liesse d'estre aprouué, mariât
donc cest' opinion à l'effect que rendrez à bien respondre, Ie me persuade
que vous remporterez la Palme que
vos veilles vous ont acquises, & nous
l'oliuier pour le repos & contentemét
que nous en receurons. Pour donc y
paruenir, dictes si la Pharmatie est
science ou Art.

L'Aspirant.

Messieurs i'oseray dire auec vos per-

missiós que la hardiesse qui m'a poussé de paroistre deuant vne si honora-
ble compagnie, n'a esté fondée sur
ma suffisance: Car ie sçay, Monsieur,
que l'esclat de vostre doctrine trou-
uant en moy vn nuage d'ignorance
fera voir au iour mon incapacité, qui
m'asseureroit d'vn renuoy si vos gra-
ces n'y sont employez, sur l'asseurāce,
desquels pour satisfaire à mō deuoir
& à vostre proposition: Ie dis que la
Pharmatie est vn Art.

LE MAISTRE.

Vostre prudence a engendré ce
discours, & vostre humilité l'a faict
naistre, qui confirme d'autant plus la
verité de mon iugement; vous ferez
voir vostre merite, ensuiuant la proposition ja commencée, à laquelle ie
soustient que la Pharmatie est vne
science.

L'Aspirant.

Monsieur, c'est le grace qu'auez de

bien dire captiue mes sens dedans les
liens de ma debilité, par la crainte
que i'ay de ne vous pouuoir respôdre
suffisamment, & neantmoins c'est
vostre bonté, d'honorer mon de-
merite deslie mes esprits à l'aspect
de tant de courtoisie, pour m'asseurer
& vous dire, que la Pharmatie est
vne science si ie la contemple, en ce
que le Pharmatiē doibt mediter pour
cognoistre les medicaments. Mais si
ie la considere en ce qu'elle prepare
& meslent iceux : Ie soustiens que
c'est vn Art.

LE MAISTRE.

I'approuue vostre intention & le
merite qu'auez d'auoir soustenu la
verité, reste à esclaircir la difference
qu'il y a entre science & Art.

L'Aspirant.

Elles sont distinguez par leur deffinition, Car la science (en ce qu'elle
deppend de la Pharmatie, pour ne

m'eſgarer à d'autres) eſt vne partie de
la Philoſophie contemplatiue, par laquelle noſtre ame cognoiſt par la raiſon aidee de l'imaginatiue & de la
memoire, qui contribuent enſemble
leur pouuoir pour luy faire voir à
nud les Idées vrayes de la matiere des
medicaments, pour en conſiderer &
iuger cõfortée par nos autres ſens les
accidents inſeparables & ſeparable
d'iceux. L'art eſt vn inſtrument par
le moyen duquel en agiſſant les medicaments ſont preparez & meſlez.
C'eſt pourquoy Dieu à donné à l'hõme par deſſus toutes les creatures de
la terre deux puiſſances : l'vne contemplatiue qui rend parfaicte & accomplie, Ceſte partie de l'ame qui
regarde & contemple la fin pour laquelle eſt faire ſçauoir & entendre la
verité. L'autre eſt l'actiue, laquelle à
ſa charge conformément a ceſte raiſon pour parfaire ce qu'elle aura me-

dité, & ce par son instrument qui est
la main.

LE MAISTRE.

Ceste docte definition me con-
tente pour l'auoir prise en son vray
sens : Mais vn autre doubte se met en
ieu, qui est que la nature estant le
principe du mouuement & du repos,
n'est-ce pas elle qui faict produire &
engendrer toutes les choses d'icy
bas, qu'est-il donc de besoing de la
science & de l'Art?

L'Aspirant.

Grand besoing, attendu que l'Art
prepare les choses à quoy la nature
doibt agir ; que sans iceluy art lesdi-
ctes choses demeureroient frustrée
de paruenir à leur perfection, Tant
pour le regard de leur generatió, que
d'vne dommageable faulte de n'estre
preparez, pour la fin à quoy nature
les a produites. C'est la cause pour laquelle les arts de preparer les medi-

caments ont estez instituez a deux
fins. La premiere est, pour preparer
la matiere qui prend son origine de
la semence du masle & de la femelle,
pour la disposer par icelle nature qui
la rend plus parfaicte qu'elle n'estoit
auparauant. L'autre est afin de corriger augmenter ou diminuer les qualitez des medicaments : Ainsi il y a
deux sortes d'arts à la preparatió d'i-
ceux, sçauoir l'art de distiller vulgairement appellé Alchemie ou Spargirie, pour le premier, & l'art de Pharmatie pour l'autre.   L'Appoticaire
doibt estre seul ministre des deux,
d'autant qu'ils abboutissent en mesme fin, qui est de preparer les medicaments pour conseruer la santé &
guarir les maladies : L'Appoticaire
dõc pour à celle fin qu'il paruienne à
les bien preparer doibt sçauoir premierement les cognoistre, & pour y
paruenir doibt commencer par leur

A iiij

origine, principe, & cauſe, par leſ-
quelles iceux ſont engendrez.

Que s'il vous plaiſoit me permettre
les repreſéter, ie feray voir que iceux
prennét leur fondement des elemêts
& de la quinte-eſſence qui ſont ſub-
ſtances pure & ſimple quand ils ſont
priſe chacun à part : Dont ce qui ſe
peut imaginer eſt compoſé par la generation ou corruption d'iceux, ſoiét
qu'ils ſoient pris des animaux vegetaux & mineraulx, leſquels different
les vns des autres par la diuerſité de
leur production & nourriture.

Comme il ſe remarque és animaux
leſquels ont ame motiſue, ſenſitiue,
& vegetatiue, laquelle à ceſte faculté
d'attirer, retenir cuire ou digerer &
expulſer leurs aliments en digerant
le pur qui ſe conuertit en leur ſubſtance, & expulſant l'impur qui eſt
leur excrement.

Lés vegetaux ont ame qui attirent

la matiere propre pour leur nourriture, aidée de la chaleur du soleil
& des astres. Icelle retenuë & assi-
milée en leur substance, qui les
faict croistre & augmenter par le
moyen des ports, veines, nerfs, &
aretaires, dont ils sont composez,
qui la retiennent.

Les mineraux n'ont point d'ame
qui sert pour les nourrir pour estre
engendrée de matiere, laquelle se
digere dedans la terre selon les climats ou elle est situez & assise, par
le moyen des astres ou par leur in-
fluence, qui luy donne la forme selon qu'elle est dominée d'iceux.

La composition desquels choses selon qu'elle est faicte par leur
generation sont prises des principes ou premiere causes, qui sont
reduits en cinq parties. La premiere est la matiere, de quoy toute
choses sont faictes. La deuxiesme

est la forme qui donne impression
à cette matiere. La troisiesme est
le mouuement qui les faict viure,
par le temps qui est le quatriesme,
& le lieu le cinquiesme. Nous con-
ioindrons le continu, l'infiny, & le
vuide côme accidents dépendans
des trois dernieres: consideré qu'il
n'y a mouuement ny temps, qui ne
soit continu, ou discontinu, finy,
ou infiny, & lieu que nous no' de-
uôs imaginer qu'il soit côme réply
d'vn corps ou comme vuide. C'est
pourquoy ce qui est naturellemêt
est corps ou dedans vn corps, l'vn
& l'autre abboutissent en vne cô-
position qui releuêt des principes
ou premieres causes. Lesquels il
nous est necessaire de considerer
en quatre façôs, sçauoir la matiere
qui est ce dequoy pour le premier,
ou nature s'aide à parfaire la forme,
pour le deuxiesme qui est ce par

qui ceste matiere est muë & poussée
par la cause efficiéte de laquelle pour
le troisiesme se faict le cómencement
du mouuement, & ce pour quelque
fin pour laquelle qui est le quatriesme
la forme prend impression sur la matiere par le caractere quil'a faict estre
& nommer telle. Encore peut-on ad-
iouster l'exemplaire & l'instrumétale.
Par là ce manifeste que principe se
peut dire cause, la difference des deox
est que principe s'entend de ce dont
procedde l'accomplissement ou la
perfection de la chose engendrée : &
cause ne s'entend que sur le principe
separé d'icelle, Comme il se voit en
la cause efficiente & finalle, & aussi à
l'exemplaire & l'instrumentalle. Les
elements qui sont le feu, l'air, l'eau, &
la terre. Sont aussi du principe & cómencement, mais particulierement
despendant de la matiere les qualitez
desquels ne se manifestent sinon que

lors qu'elle à reçeu la forme , & pa[r]
icelles naiſſent doubles vertus és medicaméts dont l'vne ſe dit materielle[,]
elementaire, commune & manifeſte[.]
L'autre formelle, eſſentielle, propr[e]
& occulte.

S'il vous plaiſoit me permettre d[e]
paſſer outre pour faire veoir tant pa[r]
demonſtration que par doctrine le[s]
differences des principes tant ſimpl[e]
que compoſez & des cauſes qui ſer
uét à la nature & d'inſtrumét, dõt ell[e]
s'aide à parfaire les choſes qu'elle en
gendre. I'ouurirois la porte a vn grã[d]
ſecret non ſeulement pour bien co
gnoiſtre les medicaments, mais auſ[ſi]
pour les bien preparer & meſler.

Ie diray donc que les choſes qui ſ[e]
deſcouurent par nos ſens nous ſom[me]
premierement cogneus, & delà nou[s]
commencerons la doctrine. Et ceu[x]
que nous ne recognoiſſons que pa[r]
l'entendement ou par l'imaginatio[n]

a demonſtration nous les fait appre-
ſtre. Les principes & premiere cauſe
ſtant de telle eſſence nous commen-
erons par elle.

Nous conſidererons donc la ma-
iere comme ayant en ſoy les quatre
lements qui ſubſiſtent par ces quali-
ez contraires l'vne en l'autre & agiſ-
ent l'vn apres l'autre. Et ainſi la gene-
ation & corruption ſe fait par con-
raires qualitez par le moyen des elements, dont le feu eſt exceſſiuement
haud & moderement ſec. L'eau eſt
xceſſiuement froide & moderement
umide. L'air eſt exceſſiuement hu-
ide & moderement chaud. La terre
ſt exceſſiuem̃t ſeiche & moderem̃t
roide. De ce meſlange de matiere
lem̃etaire & des qualitez contraires
ſe fait deux autres qualitez, ſçauoir
actiues & paſſiues, les actiues ſont le
chaud & le froid, & les paſſiues l'hu-
ide & le ſec. Nature fait ioüer le

ressort de leurs mouuements , parl
moyen qu'elle auctorise les actiues d
dominer les passiues, qui faict qu'ell
leur donne en souffrant leur qualitez
Consideré qu'il ne peuuent agir n
souffrir les vnes sans les autres. No
pourtant qu'il s'engendre l'vne d
l'autre : d'autant que la chaleur n'en
gendre le froid, ny le sec ne produi
l'humide, ains plustost se ruineroient
où il faut dire que icelles qualitez
s'engendrét l'vne apres l'autre. Cóme
la matiere est creuë au cómencemen
de sa generation, à cause que le froi
domine : & alors qu'elle commence
à se meurir, le froid diminuë adoncl
chaleur prend sa place selon que le
qualitez passiues sont disposez de le
recepuoir des actiues. Ces varietez
de qualitez, naissent les accidents in
separables & separables que la doctri
ne nous apprendra à cognoistre, có
me nous dirons en leur lieu, pour pa

racheuer ce que nous auons à dire de
la demonstration.

De ce meslange de qualitez contraires s'engendre vn corps par ces
indiuiduz, desquels par la varieté &
quantité de ces figures se produisent
les especes & d'icelles les gentes, car
nature ne cognoist les gentes que par
les especes qui ne peuuent estre sans
subsister, laquelle demeure bornée
de chacun corps par la composition
de ces parties, qui l'vnit d'vn tout ou
côtinu, lequel se termine en nombre
qualitez & quantitez, selon l'ordre
composition & situation d'icelles parties, dont le tout prouient de la matiere prise de la semence du masle &
de la femelle mis ensemblement, tant
que ceste premiere matiere se change
toute à la generation par la corruption qui cause la priuation de sa premiere forme par double contraire.
La premiere est celle qui se change

par icelle corruption laquelle faict separation de l'impur pour en laisser le
pur qui est le germe ou principe de la
generation & premiere matiere d'i-
celle. L'autre qui se fait par le changement & mutation des qualitez cõ-
traires qui cause que ce qui est trop
froid s'eschauffe, & ce qui est trop
chaud se refroidit, ce qui est trop sec
s'umectent, & ce qui est trop humide
se seiche par les qualitez l'vne de l'autre, l'vne en l'autre, & l'vne apres l'autre: que nature prend pour faire naistre toutes les choses que nous voyons, qui croissent & augmentent, tant
en qualité que quantité en luy four-
nissant alimens propre pour sa nourriture, & ce iusques à ce que ceste matiere soit paruenuë à sa forme figure
& grãdeur destinée par icelle nature.
Deuant donc qu'elle y paruienne, la
priuation tient sa place, C'est pourquoy elle a lieu de principe, bien
qu'im-

qu'improprement & par accident:
Consideré qu'elle ne sert sinon que
iusques à ce que la forme ait pris de la
matiere ceste figure & grädeur qu'elle
reçoit par le moyen des causes efficiente, finalle, exemplaire, & instrumë-
talle, qui sont comme i'ay dict les in-
struments de la nature.

L'efficiente donc a pour adjoinct le
temps, le mouuement & le sieu. Pour
le regard du temps il se considere en
quatre sortes sçauoir le commencement, l'augmentation, l'estat & la declinaison. Le commencemët paroist
lors que le germe de la semence sort
de sa matiere, desslors l'augmentation
prend sa place, laquelle faict que la
chose engendrée ne cesse de croistre,
pourueu que l'on luy fournisse d'aliments propre, pour la faire paruenir
iusques à sa perfection, ou ceste premiere matiere est vestuë de sa forme,
qui est l'estat ou icelle est conseruée

B

tant, & si longuement qu'elle y doibt
demeurer & iusques à sa declinaison
qui est le dernier temps. Doncques
au commencement du temps, c'est à
dire, lors que ceste premiere matiere
prise de la semence quand elle com-
mēce à germer elle passe en Occidēt,
où là se fait diuision des elements par
la pourriture & corruption d'iceux.
Par le moyen de laquelle nature separe l'impure, & tirer le pur, qui cause
sa descente en retrogradant qui est
le principe de la matiere. Apres laquelle icelle monte en l'Orient, où là
elle croist par la nourriture qui se dira
le deuxiesme, qui est l'apriuation: de
là elle vient passer & s'asseoir en sa
chaize ardente, qui est au Midy, où
elle s'arreste & demeure pour le troisiesme qui est la perfectiō de sa forme.
Le quatriesme est quand elle vient à
decliner.

Pour le mouuement il y en y a de

deux sortes, sçauoir le droict, & le circulaire. Le droict se diuise en deux,
comme du haut en bas ou bié du bas
en haut , lequel despend de la ligne
qui demeure en partage aux eleméts
dont la terre, & l'eau tendent au Centre, & le feu & l'air môtent à la sphere:
le Circulaire est celuy qui est fait tant
par le mouuement rapide qui rauit
toutes les spheres, que par le mouuemét particulier de chacune planette,
qui passe à l'entour du Centre faict
mouuoir les elements. Lesquels mouuements se doibuent considerer sçauoir celuy de la ligne par le mouuement propre de la premiere matiere,
comme le Circulaire pour celuy qui
donne l'action d'agir par l'influance:
d'autant que le mouuement propre
qui est l'ame de la matiere n'auroit aucun pouuoir de produire son effect
sans le Circulaire, lequel n'est en icelle
matiere ny naturel ny contre nature,

ains occasionné ou non naturel, lequel aide le naturel ou propre à produire ces fonctions.

Le lieu se considere ou plein ou vuide, lequel vuide nature ne peut souffrir ainsi les choses qui engédrét, sont contenuës ou contenantes. En la generation le germe productif est celuy qui est contenu, & la matrice celle qui contient. Ce germe est viuifié dedans la matrice qui nourrist, qui tient lieu selon qu'il est augméte. Il y a diuersité de lieux ou matrices selon la difference dissemblable qu'il y a entre les animaux, vegetaux, & mineraux. Les animaux ont chacun la matrice de leur femelle selon leur espece. Les vegetaux ont la terre pour matrice qui contient & faict germer, leur semence. Les mineraux ont leur eau pour matrice dedans leur terre propre, selon les lieux, ou en icelle iceux sont digerez selon que les astres

les dominent, où bien par le feu approprié par l'art de diftiller.

La finalle caufe de nature préd pour
fon inftrument la ballance pour pro-
portionner le poix des Elements, à la
quantité que nous voyons que chacune forme eft parfaicte : Selon l'ar-
monie des qualitez d'iceux : de ce
poix prouient la complection & qualitez, tant materielle que effencielle
des medicaments.

Pour l'exemplaire nature n'a que
fa propre force imaginatiue prife de
la femence du mafle & de la femelle,
aidée de la chaleur non naturelle ou
artificielle, qui luy feruent d'inftrument à former toutes les figures que
nous voyons, s'il n'auient qu'elles ne
foient empefchées, par fortune qui
arrefte par accident fon action.
D'autant qu'elle defuoient le cours
que icelle nature prend à mouller
les figures de chacune forme. Neant-

moings son pouuoir ne s'estend que
sur vn subject qui aduient le peu souu-
uent. Si nous considerons comme
toutes choses se font, ou tousiours, ou
presque tousiours, ou le peu souuent
d'vne sorte. Celles qui ce font tousiours d'vne sorte sont les celestes, desquels le cours est certain perpetuel &
immuable. Le plus souuent sont les
naturelles, côme de faire deux pieds,
deux mains, cinq doigts, & ainsi des
autres mébres selon leur proportion.
Le contraire de ce que presque tousiours, est le peu souuent. Comme
quand il arriue quatre pieds, ou quatre mains, ou six doigts à vne main.
A ce troisiesme donc fortune peut
empescher la nature, tant par l'alteration & changement de l'imaginatiô,
que par l'excez du trop, ou trop peu
de la matiere, soit de celle qui en-
gendra ou de celle qui nourrit.
　L'instrument de la nature est la cha-

leur tãt intrinſeque que extrinſeque:
la premiere eſt eſſétielle de la ſeméce
d'où elle deriue , comme l'autre eſt
cauſée des aſtres : ou bien par le feu
occaſionné , approprié ſelon l'Art.
Partant il y a double chaleur celle du
dedans & celle du dehors: dont il y
en y a trois au dedans, ſçauoir la chaleur naturelle, elementaire, & contre
nature. Et vne au dehors qui eſt la
non-naturelle Le feu naturel eſt celuy qui eſt actuel, ou eſſentielle, ainſi
comme l'ame eſt de ſa forme. Elemé-
taire eſt celuy qui eſt en piiſſance ou
materiel, comme celuy de la ſeméce.
Celuy contre nature eſt celuy qui
pourriſt la ſemence pour extraire d'i-
celle le germe. Le non-naturel eſt celuy qui donne le mouuement aux autres. L'Art en a cinq ſelon qu'il eſt beſoing de digerer la matiere, ſçauoir
celuy de lampe du bain marie, celuy
de cendre, de ſable, & de charbon.

Voila ce qui ſe peut demonſtrer des principes aux premieres cauſes. Ou nous conclurons & dirons que la generation des choſes ſe faict par ces contraires, où il faut remarquer qu'il y a double contraire, d'autant que toutes choſes ne ſont diſpoſez à agir l'vn contre l'autre, comme ceux qui ſót diſſemblables par la diſſimilitude de leurs qualitez ou eſpeces. Comme le mouuement eſt contraire aux qualitez, les qualitez cótraires aux nombres. Aux eſpeces les ſemences des mineraux, ſont contraires aux vegetaux, pour leur generation à cauſe de leur diſſimilitude. Mais bien de ceux qui ſont contraires ſoit par la diſſimilitude de leurs dimenſions, comme és corps, le large & l'eſtroict ; aux qualitez le chaud & le froid : au nóbre le pair & l'impair. Ainſi en la generation nature fait par contraires qualitez que le pur ſe ſepare de l'impur

pour ſa perfection , comme l'impur
pour ſon contraire; Qui conſtituë ceſte varieté c'eſt la forme laquelle doit
auoir quelque ſubjet dedans elle, par
laquelle elle demonſtre ſa force, qui
ne peut eſtre qu'en la matiere qui eſt
côtraire en la forme par la priuation,
laquelle ne luy eſt comme i'ay dit côtraire, ſinon qu'en temps qu'il eſt beſoing, qu'elle ſoit deuant que la matiere puiſſe receuoir ſa forme. Laquelle matiere peut eſtre ſás la forme;
La forme au contraire ne peut eſtre
ſans la matiere. La matiere ne deſire
point la forme pour eſtre ſimplemét.
La forme au contraire ne peut eſtre
ſans la matiere pour eſtre & ſubſiſter.
Ce que nous iugerons mieux ſi nous
conſiderôs que toutes les choſes qui
ſont au monde ſont faictes ou parfaictes , tant par nature , que par art, par
cinq ſortes, La premiere eſt le changement ſeul de la matiere, ſans qu'elle

reçoiue de perdition en ſa ſubſtance, cōme en l'impreſſion. La deuxieſme par detraction, où il y a de perdition de ſubſtance: Comme en l'extraction ou à l'expreſſion. La troiſieſme par l'ordre & compoſition des parties, comme à la meſlange & compoſition des medicaments. La quatrieſme par l'augmétation de la quantité ou qualité qui ſe faict par la nourriture. La cinquieſme par l'alteratiō de la ſemence, laquelle ſe faict par la corruption de ſa forme qui ſe change pour en reueſtir vne autre, par celle d'où elle auoit prins origine. Voila ce qui ſe peut dire ſuccinctemét des principes par la demonſtration.

Pour le regard de la doctrine: c'eſt vne ſcience qui s'acquiert par la cognoiſſance des accidents, tant inſeparable que ſeparable des medicaments, reçeuë & dicernée par nos cinq ſens, qui les diſtribuë en noſtre

raiſon , laquelle les diſtingue ſelon
qu'ils ſont compris, tant ſoubs la ſubſtance que ſur la ſaueur, odeur, &
coulleur, qui ſont au dedans du corps
des medicaments , comme la faculté
d'iceux prend nom d'accident ſeparable : La diſtinction deſquels , nous
apprédra à les bien cognoiſtre. Nous
dirons donc que la ſubſtance eſt vn
nom general qui contient tout ce qui
peut ſubſiſter de ſoy , ſoit qu'il ait
corps ou qu'il n'en aye point.

Le corps ſe definit par la quantité
priſe ſelon ces dimentions ſçauoir,
longueur, largeur, & profondité: qui
releuent de la ligne , du centre & de
la ſuperficie : Lequel corps ne peut
eſtre ſans quelque ſubject , qui ſont
les qualitez ou accidents inſeparables & ſans ſubſiſter , faict qu'icelle
ſubſtance eſt bornee par accident, tāt
du corps des medicaments que de
leur qualitez: Qui fera que nous la di-

uiferons en trois fçauoir, pour la premiere fur le corps des medicaments.
La deuxiefme fur leurs qualitez : La
troifiefme fur l'vne & l'autre.

Le corps donc des medicaments
à huict fubftances, fçauoir leger, pe-
fant, rare, folide, craffe, tenu, lente &
friable. Les medicaments qui feront
trouuez eftre legeres & rares : feront
dicts eftre engendrez de matiere, ou
le feu domine les autres Elemens,
lequel engendre la fubftance tenuë
& fubtille. D'autant qu'il dilate icelle matiere qui l'a faict eftre legere &
rare. La pefanteur & folidité eft engendrée de matiere où le froid eft
caufe efficiente. Le pouuoir duquel eft
de lier, vnir, & époiffir fa fubftance:
d'où vient la pefanteur & folidité. Le
corps qui eft cras & lent eft compofé
de matiere humide, dont les qualitez
de la chaleur & froideur font moyennes : Qui rend fa fubftance adherante

& tenante. Celle qui est tenuë & friable est côposée de matiere terrestre, dont les qualitez actiues sont moyennes: destituée d'humidité qui rend sa substance subtille & facile à pulueriser. Nous dirôs donc que les corps qui sont de substance legere, & rare, sont engendrée de chaleur. Les pesans & solide de froid. Les lentes & crasses, d'humidité, Les tenuës & friable de terrestrité. Voila pour la premiere.

Pour la deuxiesme substance prises des qualitez. Elles sont trois, Sçauoir tenuë, crasse, & dissimilaire. La cognoissance desquels paroissent par les saueurs. D'autant que la substance de la saueur acre, onctueuse, & aigre, est tenuë. Comme la substance de la saueur amere, incipide & de la serbe, est crasse : & la substance de la saueur salée, doulce & de l'austere est moyenne entre la tenuité & la crassisie.

Voila pour la deuxiefme.

Pour la troifiefme fubftance prife
tant du corps que des qualitez des
medicaments: D'icelle fort la difference entre la fubftance paffible &
impaffible : Lefquels engendrent ou
produifent les qualitez potentielles,
& actuelles. La fubftance paffible, de
laquelle la qualité potentielle prend
origine : Eft celle qui par la chaleur
naturelle ou artificielle , eft mife de
puiffance en effect. La fubftance impaffible dont la qualité eft actuelle :
Eft celle qui reçoit l'impreffion de la
chaleur naturelle ou artificielle, fans
que fa fubftande en reçoiue alteratiõ
qui puiffe changer fa forme. Comme
l'or & l'argent lefquels ne reçoiuent
mutation ou changemēt en leur fubftance qui puiffe déprauer fa forme,
tant qu'ils fubfiftent en icelle forme
metalique. Voila pour la fubftance.

Apres laquelle fuit la faueur, Qui

est vne qualité recogneuë par la langue par la percolation de l'humide au sec. Car premier que iuger de la saueur, il est besoing que la langue & le palais en soient imbuez & remplis: par l'impression d'icelle. Il y a de neuf sortes de saueurs. Sçauoir l'acre, l'amer, & la sallee. Qui sont de complection chaude. L'aigre, l'austere & la serbe de qualité froide. L'onctueuse, la doulce & l'incipe de temperamét moyen entre la chaleur & froideur. La saueur acre est engendrée de matiere terreste & ignée : en substance tenuë, l'amer est engédrée de matiere terrestre, élabourée par la chaleur en substance crasse. La salée est faite de matiere terrestre & aqueuse, digerée par la chaleur en substance moyenne. L'aigre est composé de matiere terrestre, & aqueuse : en substance tenuë. L'austere est cóposé de matiere terrestre & aqueuse ; en substance

moyenne. La Serbe est engendrée de
matiere plus terrestre & aqueuse que
l'austere en substance crasse. L'onctueuse est composée de matiere æ-
rée & ignée en substance tenuë. La
douce est engendrée de matiere bien
digerée en ces elements, en substance
moyenne : l'Incipide est engendrée
de matiere aucunement digerée en
substance crasse.

Les effects de la saueur acre, est
qu'elle enflame, brusle, penetre, attire
les serozitez, discipe les flatuositez,
atenuë, couppe, separe, resoult, attire
de loin, desseiche, amaigrit, & prouocque la soif. Les effects de l'amer
est qu'elle, vlcere encrute, desseiche,
amaigrit, prouocque la soif, ouure
l'orifice des veines, conserue du putréfaction, de terge, incize, engédre
tranchée en consommant l'humidité
radical, contutbe & subuertit, à cause
qu'elle poingt & mord, resoult & attire.
                                    La

La ſalée, diuiſe, deterge, poingt, conſerue de putréfaction, conturbe ſubuertit le ventre qui prouocque le vomiſſement, expurge, & ouure. Cela ſe faict plus lentement que les medicaments amers: Mais en recompence elle a ceſt’ aduantage, que nature l’a reçoit auec plus de contentement à cauſe qu’elle participe plus d’humidité, qui faict qu’elle liquifie.

L’aigre penetre, incize, attenuë, disjoinct: Cela ſe faict par ſa tenuité & chaleur foible: Et d’autant qu’elle eſt froide elle condence, exaſpere & eſteint la chaleur.

La Stiptique, condéce, repercute, corrobore, englutiue, contrainct & arreſte.

La ſaueur Acerbe à les meſmes facultez mais en plus haut degré : pour eſtre de ſubſtance plus craſſe.

L’onctueuſe leuié, lubrifie, laſche, detache, amolit fait vomir : A cauſe

C

qu'elle detache & rend lasche les lignaments des fibres & tunicques de
l'estomach, engendre ventositez causée par le peu de chaleur & beaucoup
d'humidité, reprime la saueur acre,
amere & sallée.

La douce laue, oste les aspretez,
leuie, bousche les ports & veines du
foye, parce qu'elle est attirée par luy
d'vn amour auide: Elle est ennodiue,
elle resiste contre la saueur acre & a-
mére, L'Incipide corrobore par le
moyen de sa substance crasse.

Pour l'odeur c'est aussi vne qualité
laquelle se communicque au cerueau
par le benefice des nerfs qui sont plā-
tés és narrines qui la reçoit de l'air qui
nous enuironne imbué de la chose o-
dorante. Il y a deux sortes d'odeurs
en general sçauoir, bōne & mauuaise,
la bonne est engendrée en substance
moyenne ou tenuë, dont les degrez
de sa temperature se considere à la

hauteur de son odeur forte ou douce:
fait que les medicaments qui ont o-
deur suaue & bonne seront à preferer
& iugez tres-bons, à cause de la digestion de leur matiere, dont l'effait
attenuë l'époisseur des espris par leur
cause efficiente Comme par la materielle fortifie & corrobore les parties
ou elle est contenuë. La mauuaise o-
deur est engendrée d'vne matiere
humide indigeste & pourrie, qui cause
l'engourdissement des espris, detache
les lignaméts des fibres de l'estomac.
Par le moyen dequoy le vomissemét
est prouocqué.

La couleur est vne qualité és medicaméts recognuë par la veuë moy-
ennant clarté: Il y en ya de six sortes
Sçauoir la noire, la blanche, la verte,
la rouge, la jaune, & la violette. La
couleur noire se fait en deux sortes
selon que la chaleur ou froideur qualité actiue dominét sur l'humidité ou

seichereſſe qualitez paſſiues. Ainſi la
chaleur agente ſur matiere humide,
la noircit: Comme auſſi elle blanchit
la matiere terreſtre en conſommant
& reſoluant l'humidité iointe à icelle:
La couleur blanche eſt engendrée de
côtraires qualitez que la noire. D'autant que le froid blanchit la matiere
humide, ainſi comme elle noircit les
choſes qui ſôt de meſme matiere terreſtre deſtituez d'humidité æres. De
ces deux couleurs côme contraire:
Les quatre autres en prouiennent ſelon leur meſlange. Comme la verte
tient plus du froid que de la chaleur,
& plus de l'humide que du ſec en matiere creuë & indigeſte : La rouge
tient des quatre qualitez eſgallement
ſemblable parfaite en digeſtion : toutesfois la chaleur & humidité dominent les deux autres, La iaune tient
plus de chaleur que de froid, de ſec
que d'humide : du degré de ſuperdi-

gestion. La violette ou liuide tient
plus de froid que de chaleur, plus
d'humide que de sec: En matiere cõ-
sommée par la chaleur. Il y a plusieurs couleurs composées des susdites qui paroissent haultes ou brunes:
selon la proportion de la qualité d'i-
ceux. Voila pour les accidens inseparables.

Reste à traicter de ceux qui sont separables, La cognoissance desquels
se remarque par leurs effects prise de
leur qualité, laquelle est aidée par
l'action de nostre chaleur naturelle,
qui nous demonstre leurs vertuz &
facultez diuisez en trois. La premiere
faculté est celle qui par la meslange
des quatre elements fait que la qualité d'iceux est reduite en cõplection,
par le moyen dequoy simplement il
nous eschauffent, refroidissent humectent ou seichent: où bien estant cõ-
posez nous eschauffent & humectent

ou eschauffent & desseichent, où bien
nous refroidissent & humectent ou
refroidissent & desseichent. Selon la
clase de leurs degrez qui sont quatre,
sçauoir, premier, deuxiesme, troisiesme & quatriesme. Lesquels sont sub-
diuisez en premier, milieu & fin de
chacun d'iceux degrez.

Dont les effets de la chaleur a ce-
sté faculté d'amasser le corps & separer des parties selon l'ordre de sa cõ-
position. Plus penetre ouure, rarefie,
attenue, digere, discute, mortifie, engendre la soif, enflamme, attire, cond,
putrefie, brusle, fait vessier, cotherise,
refroidit en ostant la matiere qui en-
flammie, debilite en resoluant les esprits. Lesquels facultez se font selon
chacun leur degrez, dont le premier
est ochry lequel nous eschauffent sans
aucun sentiment. Le second est celuy
lequel auec apparence nous eschauffent, Comme les medicaments qui at-

tenuent, rarefient, maturent, cuifent,
& auffi ceux lefquels diffipent les vé-
tofitez. Le troifiefme eft celuy lequel
eft accompagné d'vn fentiment ex-
quis : Comme les medicaments qui
ouurent, poindrent, mordent ; &
ceux lefquels caufe la foif. Le quatriefme eft celuy lequel enflamme,
fond, putrefie, veffie, rubrifie, cothe-
rife. Toutes lefquels facultez fe peuuent expliquer en telle forte fçauoir.

Les medicaments qui attenuent,
veut dire qu'ils reduifent les humeurs
de fubftance craffe en fubtilles. Ceux
lefquels rarefient : c'eft à dire qu'il dilatent & ouurent les ports des parties
du corps. Les maturatifues font ceux
lefquels digerent l'humeur indigefte.
Coction eft cefte faculté de noftre
challeur naturelle laquelle digere l'a-
liment pour noftre nourriture qui la
conuertit en noftre fubftance.

Les difcutians, font ceux lefquels

consomment les esprits ou les humeurs subtilles par incenssible respiration.

Les Aperitifz sont ceux lesquels ouurent les voyes, ports, veines, arteres, & vreteres.

Les mordicatifs sont ceux lesquels penetrent auec obscure diuision & solution de continuité,

Dessication est vne consomption de l'humeur naturelle.

Soif est vn appetit des choses froides & humides.

Inflamation est conuertir les humeurs au plus haut degré de chaleur.

Attraction est vne extractió d'humeurs ou d'esprits.

Collication est fõdre les humeurs & les separer de leur lieu.

Putrefaction est vne resolution & dissipation des esprits ou humeurs naturelles reduits à vne qualité corrompuë & pourrie.

Corrosion est consommer la chose ou partie d'icelle.

Vessie est vne attraction des humeurs tenuës & substilles.

Rubrifier est vne attraction du sang
porté à la partie.

Coterizer est vn bruslement fait au
Cuir par la challeur du quatriesme
degré côtenuë en vne substâce crasse.

Les effets du froid, reunit à soy la
substance de son tout, incrasse, con-
dense, repercute, engendre crudité,
fait obstructiõ, opille astreinct exprime, congelle, stupefie, mortifie, rend
la substance des parties immobiles &
sans sentiment, rechauffe en reserrant
les parties ou la challeur naturelle est
contenuë.

Les medicaments qui nous rafrai-
chissét au premier degré, se font auec
obscurité.

Ceux du second incrassent, condensent, repercutent, engendrent

crudité, bouchent, opillent.

Le troisiesme nous minutte de la douleur: Comme ceux lesquels font astriction & expression.

Ceux du quatriesme degré, congellent, stupefient, & mortifient.

L'explication de ces facultez, est que les medicaments lesquels incrassent, sont ceux qui époississent les humeurs tenuës.

Ceux qui condensent, vnissent à soy les parties, les contraignans à se fermer.

Repercuter est renuoyer les humeurs audedans qui tombent sur les parties.

Crudité est empescher la chaleur naturelle à faire ces fonctions.

Obstruction est vne opilation & bouchement faicte és ports, voyes & conduits.

Astriction est vne vnion & liaison des ports & voyes du corps.

Expreſſion eſt vne repercuſſion &
repouſſement des humeurs côtenuës
és ports & voyes.

Congellation eſt endurcir les humeurs qui ne peuuent eſtre en vn
corps viuant.

Stupefaction eſt vne incenſibilité
& immobilité de la partie.

Mortification eſt vne extinction de
la challeur naturelle dont il s'enſuit
vne noirceur ou liuidité.

Les medicaments qui humectent,
lauent, lubrifient, adouciſſent leuiét,
eſtinguent la ſoif, laſchent, ſeparent,
font vomir.

Ceux du premier degré humectét
obſcurement.

Ceux du deuxieſme lauent, lubrifient, adouciſſent, liſſent, eſteignent
la ſoif.

Ceux du troiſieſme degré lachét
les lignaments diſioignent & ſepare
les jointures, font vomir.

Ceux du quatriefme degré font ceux lefquels humectent auec peril de la vie encore qu'il n'y en ait point qui puiffe monter à ce quatriefme degré, d'autant que l'humidité eft de qualité paffiue & non actiue.

Pour l'explication, nous dirons que l'offion eft vne expulfion des vapeurs fulgineufes, adherante de parties caufées de l'humeur bruflée.

Leuier eft adoucir ou rendre efgal ce qui eftoit auparauant afpre & in-nefgal.

Lubrifier eft amollir les parties ou humeurs qui font rendues fluides ou coulantes ou bien vne extention ou detenffion des voyes & conduicts.

Extinction de foif eft humecter ce qui eftoit fec.

Les medicaments qui deffeichent ont cefte faculté qu'ils aftreignét, detergent, refoluent, englutiuent, ridét.

Ceux du premier degré, font fans

apparens de sentiment.

Ceux du deuxiesme paroissét auec vne moderée astriction, detersion, & resolution.

Ceux du troisiesme degré, ce faict auec douleur Cóme astriction forte, glutination, corrugation, & soif.

Il n'y a point de medicaments qui desseichent au quatriesme degré pour les mesmes causes que i'ay dit de ceux qui humectent.

L'explication d'iceux est qu'astri-ction est vne liaison & vnion des ligaments.

Detersion est expurgation des humeurs adherantø de parties.

Resolution est vne consomptió des humeurs.

Glutination est vne liaison, & reunion des lœuures d'vne playe.

Corrugation sont rides faictes à la partie par la consomption de l'humidité radicalle.

Soif eſt la partie diſiointe par l'humeur conſommée. Voila pour les
premieres facultez.

Pour les deuxieſmes leſquels agiſ-
ſent ſelon que les qualitez aſtiues dominent les paſſiues: Comme ſont les
medicaments qui époiſſiſſent, ou rarefient, reſtreignent ou laſchent, en-
groſſiſſent ou ſubtiliſent nettoyent,
ou ſalliſſent, attirent, ou repercutét,
amoliſſent, ou endurciſſent, ſupurent
ou putrefient, ouurent , ou ferment,
incarnent, ou vlcérent.

Il y en a encores d'autres qui ont
particullier égard à digerer, croiſtre,
augmenter ou diminuer, les humeurs
prouenantes de la premiere deuxieſme ou troiſieſme digeſtion.

Les medicaments qui époiſſiſſent
ſont compoſez de matiere aqueuſe
& terreſtre, en ſubſtance craſſe , par
le moyen de laquelle les humeurs tenuës & ſubtilles ſont condenſſez &

époiſſis.

Ceux leſquels rarefient ſont engendrée de matiere ærée & terreſtre: dõt la chaleur domine au deuxieſme degré en ſubſtance moyenne eſtant plus humide que ſecs, qui faict que les humeurs viſqueuſes ſont rendues fluides: ouurent, & dilatent les pors tant du cuir que des parties. Il y en y a d'autres qui ont pareils effects, mais en plus haut degré de chaleur & ſelchereſſe: Comme au troiſieſme ou quatrieſme, Leſquels ſont les diſcutians reſoluans, & diſſoluant: comme eſtant de ſubſtance plus tenuë.

Ceux leſquels reſtreignent ſont compoſez de matiere aqueuſe & terreſtre, dont le froid domine en ſubſtance moyenne ou craſſe, & pource ils retreciſſent la bouche & orifices des veines arteres & autres parties du corps.

Ceux leſquels lachent ſont com-

poſez de matiere humide, ou la chaleur domine en ſubſtance moyenne,
ayant la challeur pouuoir de diſioin-
dre & l'humidité de detendre.

Ceux leſquels ſubtilizent ſont cõ-
poſez de matiere de ſubſtance tenuës, Il penettrent en incizant les
humeurs, ſoit qu'il ſoit chaut comme
le poiure, ou froid comme le vinai-
gre, diſioingnent & ſeparent les parties ou ſa challeur agit.

Ceux leſquels detergent, ils ſont
compoſez de matiere terreſtre &
ignée, en ſubſtance craſſe ou moyenne; Affin qu'il puiſſe detacher les
humeurs adherantes és parties de noſtre corps.

Ceux leſquels ſalliſſent ſont engendrée de matiere aqueuſe & terreſtre en ſubſtance craſſe temperée de
froideur deſeichant ſans aucune violence : faict que les parties de noſtre
corps ſont englutiuées, & que les

cauitez

cautez font remplis. Ceux lefquels
purgent font compofez de matiere
terreftre, dont la chalteur a domination : Soit ou fur le deuxiefme ou
troifiefme degré en fubftance tenuë.
Il y a trois fortes de medicaments
qui purgent en attirat. Les premieres
par leur vertu effentielle ou par fimi-
litude de fubftance. Comme les medicaments qui purgent les trois humeurs. Les deuxiefmes font ceux lefquels attirent par leur corruption.
Comme le leuain, fiente d'oye ou de
colombe.

Les troifiefmes font ceux lefquels
chaffent les venins, comme les Alle-
xipharmaques, Scorpions, vif argét
& autres.

Ceux lefquels repercutent font
compofez de matiere aqueufe & terreftre, dont le froid domine en fubftance craffe. Auffi ont-il le pouuoir
de reünir & fermer les parties, en ren-

D

uoyant l'humeur qui y eut fluer dessus
icelle, & desseicher celle qui est fluée.
Ceux lesquels amolissent sont composées de matiere terrestre & aérée
ou la chaleur domine au deuxieme
degré & la seicheresse au premier:
Parce qu'icelle chaleur doibt cuir
& digerer l'humeur crasse, & la seicheresse doibt empescher que le plus
subtil de l'humeur ne soit resoulte.

Ceux lesquels endurcissent sont
composez de matiere aqueuse & terrestre dont le froid domine sur le deuxiesme ou troisiesme degré temperée
en seicheresse & humidité: Neantmoins sont de matiere plus aqueuse
que terrestre: d'autant qu'il endurcissent sans astriction: Ce qu'il ne se-
roient si la matiere terrestre estoit par
dessus la quaulité.

Ceux lesquels supurent sont composez de matiere terrestre dont la
chaleur a domination: afin qu'icelle

D

rire l'humeur qui est preparé
les nourrir celle qui s'ex-
tend. Ceux lesquels putrefient, sont
composez de matiere humide, indigeste, & corrompue par la chaleur en
substance moyenne, laquelle est diametrallement contraire à la nostre:
d'autant qu'elle la pourrir & pert.

chaleur domine au quatriesme degré
posez de matiere aqueuse & terrestre,
dont le froid domine au premier degré & secs au troisiesme, pour seulement l'humidité excrementeuse d'une
playe, & reunir les leures d'icelle.

Ceux lesquels putrefient sont composez de matiere aqueuse, terrestre, &
terrestre. Dont la chaleur domine
au deuxiesme ou troisiesme degré de
substance moyenne, la chaleur faict
qu'il penetre de loing: l'humidité re-
lasche, & la seicheresse affermit les
reines arteres & ureteres.

D ij

Ceux lesquels incarnent sont engendré de matiere terrestre dont la
chaleur domine au premier ou deuxiesme degré: qui resoult l'humeur qui
flue comme la sechereße consomme
celle qui est ja fluée.

Ceux lesquels vlcerent sont composez de matiere terrestre, dont la
ce substance craße pour bruffer &
consommer l'humeur de la partie, ou
il sont appliquez y trauaillant par la-
xure & mordeur.

Pour le regard de ceux lesquels ac-
croistent diminuent, ou digerent les
humeurs sont ceux lesquels prouocquent les sueurs, ou qui les arreste
ceux lesquels engendrent le laict ou
qu'ils tarissent. Ceux lesquels augmente la semence ou qui la diminue.
Ceux lesquels prouoquent les mois
ou bien qui les empeschent. Ceux
lesquels donent voyes aux Hemor-

das, ou qui les ferment. Ceux lesquels
font vriner & auſſi ceux leſquels em-
belliſſent la face.

Ceux-là leſquels font ſuer ſont cõ-
poſez de matiere humide æria & terreſtre ou la chaleur domine de ſubſtance tenue font qu'il inciſent & digerent les humeurs par leur chaleur
qui ſe monte au deuxieſme ou trois-
ieſme degré humide au premier affin
de rarefier les parties.

Ceux leſquels empeſchent les ſu-
eurs ſont contraires en ſubſtance &
qualitez à ceux qui les prouocquent.
Ceux leſquels augmente le laict ſont
ceux leſquels digerent inciſent & aſ-
tenuent le ſang pour eſtre de qualité
chaude & ſeiche en ſubſtance tenuë.

Ceux leſquels le tariſſent ſont
froids & ſecs en ſubſtance craſſe.

Ceux leſquels augmente la ſemẽce
ſont chauds & humides au premier
ou deuxieſme degré de ſubſtance flat-

leur ou moyenne. Ceux leſquels
empeſchent la ſemence, ſont ceux
leſquels ſont chauds & ſecs au troiſieſme ou quatrieſme degré. D'autant
qui la deſſeichent & conſomment, &
auſſi ceux qui ſont froids & ſecs à
tous degrez, ceux-là l'epoinſent
& conſolment par leurs ſeichereſſes.

...mois, ſont chau[ds]... au premier ou au deuxieſme,
d'autant qu'il eſt beſoing de deſerger
& attenuer les humeurs lente, &
ouvrir & amateur les conduits
& voyes de la matrice. Ceux leſquels les arreſtent ſont
froids & ſecs, pour epoiſſir le ſang,
ſerrer & boucher les veines.

Ceux leſquels font ouvertures aux
hemorroides ſont les apperitifs & at-
tenuatifs, leſquels en incizant le ſang
deſerrent les parties...

Ceux lesquels les bouchent, sont les repercutifs & astringens. Il y a de deux sortes de medicament, lesquels sont vriner. Les premiers sont chauds & secs de substance tenuë par le moyen de laquelle chaleur & tenuité le sang en se fondant separe la serozité, laquelle entre és vaisseaux vrinaires. Les autres sont moderement froids & humides, pour reprimer la chaleur & seicheresse prouenante tant des humeurs aeres que des parties enflammées.

Ceux lesquels embellissent, sont ceux qui blanchissent la noirceur de nostre face, prouenante des fumées fuligineuse, engendrée de la bile ou de la melancholie bruslée, ou bien par l'excés de la chaleur du Soleil, ou bien par l'excrément prouenant de la troisiesme coction, qui tache nostre cuir.

Ceux la qui ostent les rides, qui si-

catrizent, & qui consolident les thumeurs sont dicts estre embelissants
parce que les accidents susdicts, per-
dent la grace & decoration de nostre
face. Cela est la raison pourquoy il
y en ya de plusieurs sortes: Ainsi dóc
ceux lesquels blanchissent, sont de
qualité froide & humide.

Ceux lesquels nettoyent sont de-
tersifs.

Ceux lesquels ostent les taches,
sont astringeāt mediocrement, pour
empescher de monter les vapeurs fuligineuse.

Ceux lesquels ostent les thuber-
cules, sont les rare-fians & discutiás.

Ceux lesquels derident sont thumides.

Ceux lesquels cycatrizent sont
ceux qui remplissent.

Voila pour la deuxiesme faculté.

Reste à parler de la troisiesme, laquelle provient de la forme ou qua-

lité essencielle, propre à chacun medicament: La vertu de laquelle ne se
manifeste par reigles generalles, ainsi
comme les premieres & deuxiesme
facultez: ains demeurent particuliere
à chacun d'eux: Car encore qu'icelle
deriue & prend son origine des deux
premieres: Neantmoins la differance
consiste au poix ou quantité que nature prend des elements, par le moyé
desquels cette premiere matiere reçoit l'impression des premieres &
deuxiesme qualitez qui luy demeure
selon le pouuoir des elements, comme estant la baze & fondement de la
forme par le meslange d'iceux, d'où
vient qu'iceluy poix ou quantité châ-
ge la qualité generalle pour la rendre
particuliere & propre à chacun medicament: Selon la fin pourquoy nature l'a faicte soit pour purger nos humeurs, soit pour auoir particullier
esgard à chacunes de nos parties:

Qu'auſſi pour chaſſer les venins ou
poiſons.

Laquelle ſe faict par l'action ſeulement de la qualité potentielle. Car
ceux qui ſont de qualité actuelle ſont
exceptez de cette reigle, d'autat qu'i-
celle ne peut rendre l'effect de ceſte
qualité eſſencielle, d'autant que leur
ſubſtance eſt impaſſible, laquelle ne
peut eſtre miſe de puiſſance en effect
par noſtre chaleur naturelle. Comme
la demonſtration de la qualité actiue
de l'or nous en ſera vn fidel teſmoing.
Car eſtant de ſubſtance impaſſible,
ſubſiſtant en ſa forme métalique, fait
que ſa qualité demeure actuelle, laquelle eſt froide & ſeiche cauſée par
ſon impaſſibilité, qui ne peut eſtre
changée ny alterée par noſtre challeur naturelle, ainſi comme font tous
les medicamets. C'eſt la raiſon pourquoy en la forme métalique de l'or
icelle eſtant pris par la bouche, ſoit

qu'elle soit liée & mis en fueilles, la
qualité essentielle ne peut agir & partant n'a aucun effect, si ce n'est que
ceste substance impassible n'est changée en passible, alors ceste qualité
actuelle est reduitte en potentielle.

Ceste faculté doncques essenciel-
les des medicaments agissent en trois
façons, les premieres sont ceux qui
purgent tant par dejections que vomitoires.

Ceux lesquels se purgent par dejections se font par trois manieres,
sçavoir en attirant, leuant, & com-
primant.

Ceux lesquels attirent sont composez de matiere terrestre ou la challeur domine au troisielme degré, de
substance tenuë affin de penetrer és
parties loingtaines & esloignée, côme la scamonée, la colloquinte &
autres.

Ceux qui purgent en leuant ou

lubrifiant sont composez de matiere
humide, dont la challeur domine au
premier ou deuxiesme degré : affin
de lascher les voyes & conduicts, &
amollir les excremens pour les rendre coulants, côme la casse, la mauue
& violes.

Ceux lesquels compriment sont
composez de matiere terrestre en
substance crasse, ou la challeur domine, laquelle matiere terrestre sert
pour fermer les voyes, lesquels ex-
purgent par expression les humeurs y
contenuës. Comme la Rhubarbe,
l'Absinthe, les roses : tous lesquels
medicamens purgatifs ont vne particuliere & propre vertu à purger chacunes de nos humeurs. Comme la
Rhubarbe purge la bile, la garie, la
pituithe, le Sené, la merácholie, liria,
les ferosivez.

Il y a deux sortes de vomitoires
sçauoir, forts & foibles, les forts sont

-ueux. Les premieres sont ceux lesquels ayant vne chaleur puissante & sul-
fureuse engendrer de matiere corrompue & pourrie, par ce qu'elles engourdis-
sent les esprits de la vertu retentrice par
le moyen auquel il ... engendrent les
parties qui la contiennent font lai-
ches.

Les autres sont ceux lesquels par
leur acrimonie & amertume piquent
les orifices fibres & ... ... de le
stomach: Quelles subuertent. Comme
la scammonee la Colloquinte & autres.

Les ... sont les huyles grei-
ses lesquelles laschent les ligaments des
fibres & orifices de l'estomach par le
moyen de leur humidité.

Ceux qui ont particuliere faculté
à conseruer nos parties il y en ya de
deux especes, les premieres sont ceux
qui estant pris au dedans ont vne
particuliere proprieté la conseruer

nos parties, & chasser ce qui leur est
nuisible par le moyen de leur qualité
potentielle. Car ceux qui ont qualité
actuelle ne le peuuent faire, si ce n'est
par la reduction qui se faict par leur
preparation, en reduisant leur substance impassible en passible, qui rend
leur qualité actuelle potentielle. Comme l'argent au cerueau, l'estain au
paulmon, l'or au cœur, le fer au...
le vif argent au foye, la Cuiure aux
reins, le plomb à la ratte...

Les autres sont ceux lesquels agissent par similitude de substance, &
sans deperdition de leurs corps. Tout
ainsi comme l'Aiman, lequel a cette
propriété d'attirer à soy le fer, par
simpathie & affinité d'amytié qu'il a
enuers luy. Comme, par antipathie le
Diamant, l'ongnon, ou l'ail empesche son attraction. Pour les mesmes
causes, l'ongle de L'elan a cette faculté & propriété (sans estre changé

en sa substance) de deliurer l'accetz
du mal caducque, & ainsi des autres.

Ceux qui chassent les venins, il y
en ya de trois manieres.

La premiere ce faict par atraction
Comme les Scorpions.

La deuxiesme par repercution.
Comme le vif-argent.

La troisiesme par fortification &
augmentation de la vertu , Comme
l'or, l'argent , les perles, pierres pre-
cieuses, & autres : Voila pour les facultez.

La premier est faite par traduction,
Comédies Satyriques.

La deuxième par représentation,
Comédie Négent.

La troisième par fortification, &
augmentation de la vertu ; Comme
en l'argent, les perles, pierrie-
ries & autres : Voila pourquoy-

LE MAISTRE.

IE ne sçay qui vous à donné l'inuention de dire les facul-tez des medicaments, pour en discourir si profondemét Veu que les Aspirants à la Maistrise de Pharmatie, ne sont interrogez sur iceux. Et neantmoins il est impossible à l'Appoticaire de s'acquitter di-gnement de sa charge, sans les sça-uoir. Consideré, que le fondement de son art, consiste à cognoistre les medicaments, pour les bien prepa-rer & mesler : affin de rendre la qua-lité des compositions selon l'inten-tion de Messieurs nos Medecins, c'est pourquoy ie soustiés, qu'il est du tout impossible de bien faire, & parfaire

E

les compositions, si les preparations
ne proceddent, laquelle n'est autre
chose que augmenter, diminuer, ou
réprimer leurs qualitez. Car com-
ment seroit-il possible, de faire vne
decoction, si l'on ne sçait obseruer
l'ordre qui est necessaire à mettre les
Ingrediens les vns apres les autres,
pour acquerir & imprimer à icelle,
leur vertus, qui sont si differens les
vns des autres, pour auoir les vns
leur vertu au Centre, les autres à la
superficie, d'autres contenuës par
tout leur corps: Dont leur substance
artiuera qu'elle sera ou passible, ou
impassible: De sorte qu'il est tres-necessaire à l'Appoticaire, de distinguer
& cognoistre les qualitez des medicaments: S'il ne veut cõmettre mille
fautes, à la preparation & mixtion
d'iceux, au scandal de l'Art, au preiudice des malades, & au deshonneur
des Messieurs nos Medecins, qui les

ordonnent. Car tout ainſi comme
vn Ambaſſadeur, ſeroit indigne d'e-
ſtre enuoyé à l'execution de la charge, s'il ne ſçait l'intention de ſon
Maiſtre, pour luy apporter proffit.
Ainſi en eſt-il de l'Appoticaire, lequel doibt ſçauoir par les reigles de
ſon Art, la volonté de Meſſieurs nos
Medecins. Affin que la Republique
en ait le proffit, luy l'honneur, &
Dieu en ſoit eternellement glorifié.
I'ay dict.

SECOND TRAICTÉ.

LE MAISTRE.

L'ASPIRANT.

Le Maistre.

E bouquet qu'a-
uez si industrieuse-
ment agencé, pour
auoir arrengé si bié
leurs fleurs. Qui est
cette distinctió que
vous nous auez representez en la cognoissance des medicaments, Cueil-
lies au partere de la nature : Dont

l'odeur d'iceux est merueilleusemēe
fuaue. Ie croy que les fruicts qui en
doiuent prouenir, & que vous auez
à moiſſonner, qui eſt leur preparation, ne peuuent aultrement eſtre
que tres-fauoureux: S'il eſt vray que
vous ayez aultant employé de labeur à les cultiuer, comme vous auez
eu d'induſtrie à les approprier: Con-
tinuez doncques à nous les faire
gouſter.

L'Aspirant.

Ie commenceray (s'il vous plaiſt)
à la preparation des medicaments:
Laquelle eſt vne diſpoſition acquiſe
tant par l'Art de diſtiller, que de
Pharmatie : par leſquels iceux ſont
vnis, corrigez, augmentez, & ré-
primez: Qui ſe faict tant par la ſocia-
tion ou meſlange de pluſieurs medicaments, que d'vn ſeul, & ce pour

trois raiſons.

La premiere , affin de corriger leurs qualitez veneneuſes, en appoſant d'autres, leſquels ont ceſte force de la rabattre.

La deuxieſme , pour augmenter leur vertu trop foible , par ceux qui ont le pouuoir de la releuer.

La troiſieſme, pour reprimer l'excez de leur vertu elementaire , par d'autres de contraire qualité.

En ce meſlange il eſt beſoing d'obſeruer deux autres conſiderations.

La premiere eſt de meſler enſemble ceux leſquels par l'harmonie du poix de leurs elemens, ſimbolizent par ſympathie de conſanguinité & amitié qu'ils ſe portent entre-eux; & ſe donner de garde de meſler ceux leſquels par antipathie, ſe repugnét & diſcordét, par l'inimitié qu'ils ont.

La deuxieſme, d'vnir les medicaments leſquels ont affinité & parti-

cullier regard à conseruer les parties
de nostre corps: & se donner de garde de ioindre ceux qui leur sont contraire & dommageable.

Que par la coction, irfusion, lotion, trituration, & distillation, laquelle distillation est reseruée pour
l'Art de l'Alchemie, le nom de laquelle est prise des Arrabes. Comme Spargirie des Esclauons, qui
vaut autant à dire en François que
distiller ou bié separer le pur de l'impur. Comme sa deffinition le dé-
monstre, qui est qu'il separe & diuise les parties du corps des medicaments, pour en extraire le pur d'i-
ceux, en les reduisans en leurs premiere matiere, sçauoir en soufre,
Mercure & sel: Qui preparez & incor-
porez ensemble, ils sont reduits à
vne autre meilleure forme qu'ils n'e-
stoient deuant: Dont la nature est la
cause, l'Art l'instrument, l'Appoti-

caire l'Operateur, & le medicament
la matiere.

LE MAISTRE.

Vous refueillez vn Art endormy
dedans les courtines de l'oubly , lequel est œilladé de trauers par Meffieurs de la faculté de Medecine.
Pouffez par aduenture de la diuerfité
de doctrine, entre Hypocrate, & Pa-
racelle grand fectateur de cest' Art.
Lequel souftient & nous veut faire
croire, que noftre corps eft compofé de foulphre , fel, & mercure. Au
preiudice de la doctrine d'Hipocrate
qui affeure que nous fommes compofez d'efprits , d'humeurs , & de
parties.

Plus iceluy Paracelfe, nous veut
apprédre que les maladies font guaries par leur femblable, peruertiffant
l'intention d'Hipocrate , qui dit que

les maladies sont guaries par leur cõ-
traires : Ceste diuersité doncques de
doctrine, n'est-elle assez forte, pour
vous persuader que celle d'Hipocrate laquelle est en vsage, & approuuée par Messieurs de la faculté
de Medecine est la meilleure, Comme l'autre est eronnée & innutille:
Car en icelle doctrine il n'y à espe-
rance de proffict: Veu que les professeurs qui en ont escript, ne se font
aucunement entendre, pour estre
leurs escripts du tout intelligibles.

L'Aspirant.

O ! que volontiers ie ferois vne
exclamation approchante à celle
que fit Alexandre le Grand, lors
qu'il dist à Philippe de Macedône
son pere: Quand il renuoya le Cheual Bucephal, pour luy sembler beste
vicieuse, sauuage, & innutille. O

Dieux (dit-il) quel cheual, il rebutte
pour ne sçauoir a faulte d'adresse, &
l'hardiesse, s'en seruir. Ainsi ie vous
diray, ô Dieu quel Art, vous voulez
rebutter, par faulte d'estre practiqué,
lequel neätmoins est tres-necessaire
& profitable à la Republique,　dont
son vtilité me faict croire, que l'opinion qu'auez de la verité d'iceluy,
n'est portée selon la conformité de
vostre discours, qui n'a esté formé,
que pour recognoistre l'asseurance
que ie doibs auoir à la soustenir. Intention que ie ne puis assez loüer,
aussi icelle me renforce le courage,
affin que ie face paroistre la verité
d'iceluy: Laquelle est cachée dessous
l'ombre de la matiere des medicaments: Qui est ceste vertu essencielle
qui ne se manifeste que par l'experience. De là viét la difficulté de trouuer la vraie difference des diffinitiõs,
D'autant qu'icelle vertu essentielle

estant fermées dedans le coffre de
l'vsage, lequel ne s'ouure que par la
clef de la raison, estoffées des premie
res & secondes facultez. C'est pourquoy ie diray, que tout ainsi comme
l'Art de medecine s'acquiert nõ seulement par la doctrine: Mais aussi par
l'experiéce, ainsi en est-il de mesme
de l'Art de distiller vulgairemét nõ-
mé Alchemie, lequel s'apprend par
la doctrine fondée sur les raisons des
choses naturelles, l'essance desquels
se fait veoir que par l'vsage approuuée de l'experience : Comme elle a
esté par les plus excellens Medecins,
Comme Auicene, Rasis, Arnault de
Vilneufue, & mesme aussi par autres
graues Philosophes, Comme Her-
mes nommé par hõneur le trois fois
grand, Gebert, Remond Lule, & autres grands personnages, l'auctorité
& suffisance desquels ne peuuent ny
ne doibuent estre mises en doubte

loht leurs eſcripts me ſeruét de teſ-
noings irreprochable: Pour confir-
nerauec eux la verité de ceſt Art, &
noſtre neceſſité, nous forcer d'y cõ-
ribuer de l'honneur. Occaſiõ pourquoy ie diray hardiment, que l'Al-
themie eſt vn Art inſpiré de Dieu,
pour preparer les medicaments, par
e moyen duquel, iceux ſont plus
parfaictement ſublimez, digerez,
nourris, & reduits en tel degré de
vertu, qu'il ny a aucune comparaiſõ
de preparation entre-elle, & l'Art
de Pharmatie. Car encore que l'Art
de Diſtiller, & celuy de Pharmatie
ne ſoit qu'vn, d'autant qu'iceux ont
meſme methode de preparer les medicaments : Ce neantmoins celuy
de Diſtiller, à cela d'auantage, de
faire les extractions, tirer les huylles
par reſolution, de faire les ſels, &
les fleurs des medicaméts. Leſquels
ont plus d'efficace, d'energie & de

force, que les Cōmpositions faicte〈s〉
par la Pharmatie. C'est pourquo〈y〉
Mesüés, comme Prince & chef d'i〈-〉
celle Pharmatie, pour raison qu'il 〈a〉
plus parfaictement enseigné à preparer les medicaments, que nul au〈-〉
tre Medecin, n'ayant esté instruict e〈n〉
iceluy Art d'Alchemie, renuoye ceux
qui desirent apprendre à faire extra〈-〉
ctions des huylles tirées des médica〈-〉
ments par resolutiō, aux Professeur〈s〉
d'icelle Alchemie. Comme il se remarque en sa deuxiesme section,
Chapitre premier, par le moyen duquel la vertu éterrogenee est extrai〈-〉
cte, de l'homogenée. Estant doncques vne omition de preparation
qu'iceluy Mesüés n'a escript : Ce dis〈-〉
cours seruira de temploy, pour e〈n〉
son lieu dire la preparation qu'il fau〈t〉
obseruer pour tirer des medicamē〈s〉
leurs essences leurs eaues leurs sels
leurs fleurs, & principallement ren〈-〉

dre l'Or Potable, qui est le plus grãd
secret de l'Art, d'autant qu'il est ca-
ché dedans le Cabinet de la nature,
Dont la difficulté pour le trouuer,
(selon les preceptes de ceux qui en
ont escript) est fort difficille. Attédu
que l'intelligence de leurs escripts,
est comprise dessoubs vn sens My-
sticque, Enigmatique, Figure, Métaphore, Alégorie, & par lettres Ie-
rogliphicques: pour tout expres empescher aux ignorans, ou bien aux
malicieux, d'abuser d'vn si digne art.
Laquelle methode a esté occasion
qu'il est blasmé par ceux qui n'ont
pas sçeu cognoistre la puissance de
la nature: Laquelle ne nous à pas
donné l'Or, doüé de tant de vertus,
& facultez, qui sont enfermez dedans sa substance impassible, qu'elle
ne nous ait proueu de l'inuétion par
icelle, dont l'artifice faict oüurir le
ressort de cette substance indomi-

tante. Car estant pris en sa forme
métalique, Il ne faut pas penser qu'il
proffite, soit qu'il soit luné, ou mis
en feuilles, Ains il nuist plustost, &
ce pour deux raisons. La premiere
est à cause qu'il s'attache aux Tunicques & Fibres de nostre estomach,
ou intestins, qui les dorent : Ce fai-
sât empeiche ou retarde nostre challeur naturelle à faire ces fonctions.
L'autre est que sa substance impassible, faict que sa qualité demeure a-
ctuelle, qui cause que au lieu qu'il
deuroit augmenter nostre challeur
naturelle par sa qualité qu'il a d'es-
chauffer, il l'arafraischit. C'est la raison pourquoy l'or doibt estre preparé & rendu Potable, affin que sa
substance impassible soit renduë passible, par le moyen dequoy sa qualité actuelle est réduite en potétielle,
Voila pour le premier chef.

Pour le regard de ce que vous
auez

auez dit que la doctrine de Para-
celle, eſt contraire à celle d'Hypocrate, Vous me pardonnerez s'il
vous plaiſt, ſi i'oſe dire que non en
la nature, & principalement ſur les
poincts que vous auez allegués de
luy, pour m'arreſter ſeulement ſur
iceux, qui ne differēt que de noms,
D'autant que l'inuention de la doctrine de chacun d'eux, a eſté puiſée
dedans vne meſme ſource, qui eſt
dedans le puits de la nature. Car
tout ainſi comme le ſoulphre, eſt
compoſé de matiere humide aërée
dont la chaleur a domination, en
ſubſtance tenuë, ainſi ſont nos eſprits. Comme le ſel eſt compoſé de
matiere terreſtre & aqueuſe, digerée par la chaleur, en ſubſtance
moyenne: Ainſi ſont nos humeurs:
Comme auſſi le mercure eſt compoſé de matiere aqueuſe & terreſtre, dont le froid a domination,

en substance crasse. Ainsi sont nos
parties. Ces especes de mineraulx,
estant métaphoriquemét prises par
Paracelse, selon leurs substances,
ou qualitez, & non pas selon leurs
corps. C'est pourquoy ie diray que
la volonté d'iceluy, ne doibt estre
prise seló la lettre, ains par la figure,
de laquelle il a voulu démonstrer la
composition de nostre corps. Imit-
tant en cela les professeurs de cest
Art: qui ont comme i'ay dit tous
escripts cette science, soit ou par
métaphore, ou par alegorie. Comme encores l'on doibt interpretter
le soulphre, estre l'hôme ou sa femé-
ce, le mercure estre la femme ou sa
matrice, & le sel estre le germe pro-
cedant des deux, le tout entédu me-
taphoriquement. Ces raisons iusti-
fient que la denomination que Paracelse a pris de dire, que nostre
corps est composé de soulphre, sel,

& mercure : suict la doctrine de
celle d'Hypocrate. Puis que ton intention abboutit conformement à
iceluy.

Quand Paracelse a voulu dire,
que nos maladies, sont guaris par
leurs semblables, Il a entendu parler semblable d'essence comme Hipocrate les dict estre contraire de
qualitez elementaires. Dont il faut
presupposer, que l'vn entendoit
parler de la qualité formelle, & l'autre de la qualité materielle des medicaments. La vertu & facultez desquels nos maladies sont guaris.
Pour entendre la raison, il faut s'i-
maginer que nos corps sont alterez
par les trois facultez des medicaments dont le premier est celuy là
lequel nous eschauffent, rafraischit,
humectent, ou desseichent. Le
deuxiesme sont par ceux lesquels
repercutent, diuertent, rarefient,

ouurent, ferment, amoliſſent, endurciſſent, & ainſi des autres. Leſquels premieres & deuxieſme facultez proceddent de la matiere,
prouenante des elements, autremēt
appellées qualitez manifeſtes. De
ces facultez là, Hypocrate à tres-
doctemēt cōclud, que les maladies
eſtoient guaris par leur contraires:
Mais il n'en va pas ainſi de la troiſieſme faculté, laquelle demeure occulte & eſſencielle à chacun medicament, & ce par ſimilitude de ſubſtance, laquelle a cette puiſſance de
conſeruer nos parties, & chaſſer nos
maladies. Qui a occaſionné Para-
celſe, de dire que les maladies ſont
guaries par leur ſemblable. C'eſt à
dire par cette ſympathie & affinité
que les medicaments ont par cette
faculté eſſentielle de conſeruer nos
parties, comme par antipathie ils
ont cette force de chaſſer les mau-

uaiſes humeurs, qui nous offencent.

LE MAISTRE.

Vos raiſons ſont ſi veritables que ie ne veux les reculer, & paſſat oultre vo⁹ no⁹ repreſeterez les reigles, par le moyen deſquels, l'or eſt redu potable, & ce par vn ſens miſtique, approprié ſelō que les Philoſophes ont ſuiuy, affin qu'vn ſi digne Art ne ſoit profané, comme il ſeroit s'il eſtoit intelligible.

L'*Aſpirant.*

Pour rendre l'or potable, eſt qu'il luy faut depoüiller ſa forme métalique, qui ſe faict par le moyen d'vne matiere ſemblable à luy, ou conſiſte tout le ſecret. Car eſtant d'vne ſubſtance impaſſible, faict que ſa forme metalique ne peut eſtre con-

sommé par le feu, ny corrompu &
pourry dedans la terre, ainsi côme
les autres medicaments. Aussi en sa
preparation, Il y faut obseruer vne
autre methode, que és autres preparations d'iceux, selon l'Art de
Pharmacie.   D'autant qu'icelle n'a
autre instrument naturel pour ces
preparations, que le feu occasioné:
& l'Art de distiller en a plusieurs: Car
encores que le feu nö naturel ou occasionné, soit necessaire à parfaire
les calcinations, Coctions, dige-
stions, resolutions, & autres preparations. Neantmoins sans les autres
feus iamais l'or ne seroit rendu potable, à cause d'icelle substance impassible, qui le rend de qualité actiue, laquelle resiste au feu, par vne
raison prise de la Phisique, qui est
que tout agent, n'agit que sur vne
matiere patiente, le feu estant de
qualité actiue, ainsi comme l'or pris

en sa substance metalique fait qu'i-
celuy n'a point de pouuoir sur luy.
C'est pourquoy nature admirable
en la preuoyance, luy a ordonné vn
feu particulier & propre pour agét,
& vne terre homogenee pour matiere qui sert de patiété, par le moyé
desquels ceste substance métalique
est rendue potable, par la separation
de ses elements, ainsi nommée soulphre, mercure, & sel, qui est la premiere matiere des metaulx & de la
quelle le germe d'iceux est poussé
dehors, par le moyen de la corruption, qui separe & diuise les Elements, quand icelle corruption
se fait auec proffit, c'est à dire quád
on ne prend vne matiere pour l'autre. D'autant qu'il y a vne autre corruption, laquelle se faict sans proffit,
pour estre produitte par chose dissemblable. C'est la raison pourquoy il est de besoing d'auoir ceste

F iiij

matiere propre & non estrange
prouenante du masle & de la femelle de mesme consanguinité, de
laquelle le germe est engendré en sa
matrice, & nourry de son aliment,
ce faict plus parfaict, non seulemēt
que son pere & sa mere qui l'ont
produict. Mais aussi est plus puissant
que l'or mesme. Le secret donc a le
rendre potable, est de sçauoir cognoistre cette matiere, laquelle
pour y paruenir, il faut considerer
qu'en so principe elle a trois corps,
& trois substances, prises d'vne
mesme racine, desquels corps il
faut faire trinité, vnité. Consideré
que le pere engendre le fils, & du
pere & du fils procedde l'esprit de
vie, par l'vnité d'iceux : Ainsi pour
ces causes susdites nous ferons trois
sortes d'or.

Le premier sera dict actuel, l'autre potentiel, & le troisiesme diuin.

Pour l'actuel, nous entendons estre le vulgaire.

Le potéciel est celuy de sa semence, lequel n'estāt or qu'é puissance, se fait or en effect, par l'étremise de sa matrice, de la nature, & de l'Art.

L'or diuin est celuy lequel demonstre ces effects, par le moyen que ces accidens inseparable & separable nous sont manifestés.

Les noms des trois corps, le premier est nommé des Philosophes soulphre, d'autant qu'il est comme luy de qualité chaulde & seiche; dont il y en ya deux, le meur d'auec celuy qui ne l'est pas.

Le deuxiesme mercure aussi nōmé à cause de sa qualité froide & humide.

Le troisiesme est le sel, lequel est le germe engendré des deux de leur pure substance, lequel estant nourry & fermenté, luy apporte di-

gestion, augmentation , & fortification en ces parties, iusques en fin
de perfection.

Pour la premiere substance, icelle
se dit mineralle, parce que de là elle
prend son origine, qui la faict subsister.

Elle se dict vegetable , pour la
nourriture & aliment dont sa substance croist & augmente, ainsi que
toutes les autres choses, engendrés
de nature.

Elle se nomme aussi animal, par
l'alteration & changement de sa
premiere forme en vne autre , laquelle estant fermentée, & viuifiée
par l'esprit de vie, sa substace est ani-
mée. Dont la nature est la cause côme l'Art en est l'instrumêt, qui prepare icelle matiere, par la distillatió,
calcination, dissolution , conjon-
ction. Cibation, congellation, putréfaction, & fermentation.

La distillation se fait pour diuiser
les elements, par le moyen dequoy
les natures sont separées, d'autant
qu'il faut tirer l'eau de la terre, pour
en faire l'air, duquel sera extraict le
feu, autrement nommé teincture.
C'est pourquoy il est besoing d'a-
uoir les quatre elements separez,
pour s'en seruir à la necessité. Doncques la distillation se faict par trois
façons, sçauoir par le Bin-marie,
par les cendres, & par le sable.

La Calcination a deux fins. La
premiere pour consommer l'humidité visqueuse, laquelle cache la radicalle de nostre soulphre, quand il
est pris deuant qu'il ait esté coioinct
auec nostre mercure: & lors qu'il y
est, pour la deuxiesme, il est calciné,
affin de resouldre & separer, tant le
phlegme que l'excrement prouenant de leur conionction, alors il
faut augmeter l'humidité radicalle,

qui doibt congeller la matiere.

Laquelle se faict pour estre icelle matiere abbreuée de son eau, qui l'endurcit, non que ceste dureté, doibue estre comme la pierre: mais bien côme la cire, afin qu'elle puisse comme elle fondre quand elle est mise sur le feu.

Ceration se faict pour nourrir ceste matiere nommée le germe, Prouenant des deux semences, par le moyen dequoy il est augmenté, tant en quantité que qualité, Par la subtilité que l'on doibt auoir en luy donnât à manger, les choses creuës en son indigestion, comme les choses plus elabourée en sa digestion.

La pourriture se faict pour faire sortir le germe de sa matrice, par le moyen que nature faict par icelle separation des elements, en separant le pur de l'impur. C'est la raisô pourquoy le soulphre seul, & le mer-

cure seul, ne peuuent estre la seméce
de l'or: mais bien le germe, qui procedde des deux.

Fermentation est l'ame de nostre
composition, par le moyen de laquelle, elle est assaisonnée en parfaicte teincture, estant le leuain, qui
luy donne substance, saueur, couleur, & odeur.

Voila les reigles de l'Art, la nature cause le mouuement de la matiere, par le moyen des feux, qui
sont tant dehors que dedans icelle:
Dont il y en ya trois au dedans, &
vn au dehors.

Ceux du dedans, le premier est
le naturel, l'autre le lementaire, & le
troisiesme est celuy contre nature.
Le naturel est essentiel, ou actuel, le
lementaire est celuy qui est en puissance, Celuy côtre nature est l'eau,
laquelle pourrist la semence.

Celuy qui est dehors est le non

naturel ou occasionné : lequel en
fournit plusieurs, selon qu'il faut disposer la matiere, pour la faire paruenir à sa forme. Ceux-là sont le
feu du Bain-marie, celuy de lampe, celuy de cendre, de sable, & de
charbon : Lesquels feux, se doibuent approprier, selon l'ordre des
degrés de la digestion de la matiere,
qui se recognoissét par les accidéts
inseparable d'icelle, Cômine par sa
substance, saueur, odeur, & couleur.

　La substance de la matiere se cô-
sidere en chacune leur semence se-
parée, dont l'vne se dict la terre,
l'autre est appellée l'eau, la substãce
d'icelle terre est crasse, Cône l'eau
est tenuë, quand iceux sont con-
ioincts ensemble, il s'en tire vne
moyenne qui n'est si crasse cône la
terre, ny si tenuë que son eau.

　Laquelle est de saueur acre, douce,
& acerbe, approchant au goust de

l'alun. Son acrimonie prouient de
son soulphre trop aduste, comme
son acerbité, deriue de son mercure
trop froid: Lesquels par le moyen
des reiterations, de coctions, faict
que les parties adustēt se reseluent,
& les froides en se digerant se meu-
rissent. Qui cause que ceste premiere douceur prouenante de son
essence est augmétée: Par le moyen
dequoy cest' elixir surpasse en douceur toutes les choses qui se peuuent imaginer.

Pour l'odeur, ceste matiere en
reçoit deux, sçauoir mauuaise &
bonne. La premiere est lors qu'i-
celle paruient en sa pourriture, en
ce temps là son odeur est semblable
à la charongne: Mais apres qu'elle
à passé la pourriture, & que ses decoctions sont parfaictes, alors il
n'y a odeur si suaue, aromaticque, &
douce, qui puisse estre esgallée ou

parangonnée à elle.

Pour la couleur, elle en reçoit
vne infinité, neantmoins il s'en remarque quatre principales. Sçauoir
la verte, la noire, la blanche & la
rouge. La verte faict demonstration
de son indigestion, la noire sa pourriture, la blanche sa digestion, la
rouge sa parfaicte digestion.

Voila les loix de la nature, lesquels mises auec celles de l'Art,
donne les reigles non seulement
pour l'or & l'argent: Mais aussi pour
tous autres medicaméts qui se pre-
parent par l'Art de distiller. Ou ie
finiray pour dire de ceux de la Pharmatie: En laquelle il y a quatre preparations generalles. Sçauoir trituration, coction, infusion, & lotion.

Triturer ou battre, est reduire ou
diuiser les medicaméts en plusieurs
& menuës parties. Laquelle trituration se faict pour trois raisons. La
pre-

premiere pour mesler & vnir ensemble les medicaments. La deux
iesme, affin qu'iceux soient subtile-
ment reduicts en pouldre, pour passer és parties les plus eslongnées.
La troisiesme, pour empescher que
leur substance rare & spongieuse,
n'enflame les fibres de nostre estomach. Il y a trois sortes de trituratió,
sçauoir forte, moyenne, & foible.
Ceux lesquels endurent forte trituration, sont composez d'vn corps
dont les parties sont solides & dures de substance crasse. Ceux lesquels n'endurent que moyennes,
Sont moyens soit en leur substance
qu'en leurs qualitez. Ceux lesquels
ne souffrent que peu de trituration,
sont destituez de matiere aqueuse,
& sont de substance tenuë.

Coction se fait par chaleur forte,
moyenne & foible. Il y en y a de
deux sortes, sçauoir par elixaxion,

G

& assassion. L'vne se faict par voye
d'humidité, l'autre en matiere seiche. L'elixaxion se faict pour trois
raisons. La premiere pour imprimer à icelle la qualité des medicaments. La deuxiesme pour amolir,
digerer, & cuir, la crudité d'iceux.
La troisiesme affin de consommer
la superfluité de leurs excremens.
Premier que de faire cuir les medicaments, il faut considerer la diuersité d'iceux, tant en leurs corps, sub-
stáces, que qualitez. D'autant qu'il
se trouuent des medicaments qui
en leur substance corporelle, seront
crasses, que la substáce prise de leurs
qualitez sera tenuë. D'autres qui
ont en leur corps substance subtile,
legere, & rare, que la substance
de leurs qualitez, sera difficile à se
digerer, & cuir. Plus on doibt considerer, qu'iceux medicaments il
en y a qui côtiennent plusieurs qua-

litez., Dont l'vne sera au centre,
l'autre à la circonferance, ou bien
contenue par tout leur corps: selon
qu'il ait iugé par la saueur d'iceux.
Doncques on se doibt dóner garde
en ce que la qualité que l'on voudra
imprimer en la décoction, de ne
prendre l'vne pour l'autre. C'est
pourquoy ces differences doibuent
diuersifier les decoctions, selon
la longueur du temps qu'iceux sont
faciles ou difficiles à cuir, premier
que de la faire, faut chauffer la licqueur, deuant que de mettre les
ingredians. D'autant que la challeur ouure les ports, tant de la chose
qui reçoit, que de celle qui donne.
En faisant la decoction, il se faut dóner de garde de mettre les Ingredians ensemble : mais bien chacun à
part, selon l'ordre & temps de leur
coction. Parce que les medicaméts
qui sont de substance solide , & de

G ij

qualitez froides & humides , ou
bien froide & seiche, veulent estre
dauantage boüillie , que ceux qui
font chauds & humides , ou bien
chauds & secs. Pour cette raison
les medicaments amolians, lenians,
lubrifians, incraffans, repercutans,
& qui bouchent. Endurent plus de
coction à cause de leur qualitez
froides & humides, ou froids & fecs,
Que ceux qui font chauds & humides , ou chauds & fecs . Comme
font ceux qui ouurent qui rarefient
& qui defergent. Tous lefquels medicaments, ont encores vne autre
prrticuliere reigle felon que les parties de leurs corps ferōt de fubftāce
craffe, moyenne, ou tenuë. Et pour
y obferuer l'ordre, il faut commencer par les racines, dont les fruicts
fuiuent, apres les herbes , puis les
femences, & finalement les fleurs.
Si en la decoction , il y entre de

l'orge, Il faudra la mettre premier
que les racines, ſoit qu'elle ſoit mõ-
dée ou ſans monder. Celle qui eſt
mondée, doibt dauantage boüillir
que l'autre, à cauſe de la diuerſité
de leurs qualitez, eſtant l'vne leni-
tiue, & l'autre deterſiues. Apres les
racines, ſuiuent les fruicts, dõt ceux
qui lenient, comme les pruneaux,
ou qui ramoliſſent, comme les fi-
gues : Endurent plus decoction,
que ceux leſquels ſont nommez
pectoraulx, Comme les premieres, Cebeſtes, Raiſins, & autres.
Les Racines, herbes, & fleurs, qui
amoliſſent, ou qui lenient: ſouffrét
dauantage de decoction en leur or-
dres : Que ceux leſquels detergent,
rarefient, ouurent. Ceux leſquels
n'endurent, peu ou point de decoction: mais bien vne longue infuſiõ.
Sont ceux leſquels ont leur ſuperficie, ou bien ils ſont de ſubſtance

tenuës en leur qualitez, soient qu'ils
soient racines, escorces, herbes, ou
fleurs. Comme sont aussi ceux lesquels discutent, fondent, dissoluët,
attirent & purgent. Deuant que
faire la decoction, il faut monder &
nettoyer les Racines de leur cœur,
les fruicts, de leurs noyaux, ou pepins, & les herbes, de leurs tiges,
qu'il faut rejecter, à cause de leur
dureté. D'autant qu'icelle decoction est faicte par œuure de nature,
par le moyen du feu son instrumēt:
dedans laquelle si l'on mettoit ensemble les choses dures & difficil-
les à cuire, auec les choses tendres
& facilles à cuir. L'Appoticaire de-
meureroit frustré de son intention:
Consideré qu'icelle nature s'efforce
en boüillant à vaincre les choses
dures & qui luy resistent, comme
sont à comparaison, les cœurs des
racines, les noyaux ou pepins des

fruicts, & les tiges dures des herbes, d'auecques eux-mesmes, pour les cuir, en ce faisant iceux ne recep-uroient aucune coction, qui faict que leur qualité n'y est imprimée: si ce n'est par vne grande espace de temps. Voila pour l'elixaxion.

Pour le regard de l'assassion, elle se faict pour trois raisons. La premiere pour reprimer la vertu violéte des medicaments. La deuxiesme pour augméter leur qualitez foible. La troisiesme de deux vertuz qu'ils ont, en prendre l'vne & laisser l'autre. Il en est de deux sortes : Ainsi comme en decoction, l'vne humide & l'autre seiche. Dont les reigles sont pareilles comme en icelle decoction.

L'ossion est lauer, absterger, & mondifier les medicaméts, laquelle se faict presque comme l'infusion. La difference est qu'en l'infusion les

medicaments infusez, leur vertu demeure en la licqueur. En la loſſion
les medicaments lauez, reçoiuent
la vertu de la licqueur qui laue.
Icelle loſſion ſe faict pour quatre
cauſes : La premiere eſt pour nettoyer les ſuperfluitez eſtrangeres,
qui adderēt en la ſuperficie d'iceux.
Comme és Racines. Les trois autres ſont faictes pour pareille raiſõs
qu'en la decoction ou infuſion.
Voila en termes generaux, ce qui ſe
peut dire de la preparation.

LE MAISTRE.

La Trompette de voſtre loüange
ſera ma bouche, qui haultement
reſõnera vos merites, pour la peine
qu'auez priſe par vos veilles, en ce
que par voſtre labeur vous nous
auez repreſenté les Secrets tant de
l'Art de Diſtiller, que de celuy de

Pharmatie. Lesquels estoient ca-
chées & enfermées dedans les in-
cognus replis, & pallissade du laby-
rinthe de la nature , que vous auez
descouuerts par les reigles icy representez , dont la splendeur & lucidité d'iceux. Comme vn clair soleil chasse les tenebres de l'obscurité, qui fermoit nos yeux de l'entendement, par le crespe noircy de l'i-
gnorance, qui estoit audeuant. Et
toutesfois vous n'auez assez faict,
parce qu'il faut encore nous faire
voir la cognoissance de chacun medicament à part.

L'*Aspirant*.

La cognoissance de la bonté ou
malice d'iceux, se remarque , tant
pour nostre respec , que pour leur
regard. Pour le premier , nous di-
sons les medicaments estre benins,

Quand leur temperature approche
de noſtre complection. Comme
les violans , eſtre ceux leſquels en
ſont plus reculées. Ceux pour leur
regard ſe font voir par leur eucraſſie
ou diſcraſſie, C'eſt à dire par leurs
bonnes ou mauuaiſes complectiós.
Comme nous dirons particulierement que la

Scammonée.

Eſt vn ſuc prouenant d'vne racine, ou herbe eſpece de Volubilis:
dont les feüilles reſſemblent à vne
ſagette empanée , Que l'armenie
produict, & auſſi l'Arabie. Laquelle
ſe tire en quatre façós. La premiere
en incizant la racine eſtant en terre,
Il en ſort vn ſuc, en forme de laict,
lequel apres qu'il eſt deſſeiché, il ſe
congelle. La deuxieſme lors que
la racine a eſté oſtée de terre, & in-
cizée par tout, l'on en tire le ſuc. La
troiſieſme apres que la racine a eſté

battuë, l'on l'exprime. Le quatriefme ce faict de l'herbe, laquelle apres
auoir esté battuë, son suc en est
tiré. De ces quatre sortes, les deux
premieres sont à preferer, Comme
les meilleures : les deux autres se
doibuent rejecter, comme les pires.
L'election des deux premieres paroissent en leur substance legere, tenuë, & friable, claire, & lucide, de
couleur grisastre, de saueur acre, &
d'odeur bonne & propre. Laquelle
estant moüillés auec saliues, ou en
eaue, se faict comme laict. Les deux
autres sont de substance pesante,
crasse, dure, & tenebreuse, de couleur noire, tirant sur le vert, de saueur amere, & d'odeur puante. Le
iugement de la bonté des deux premieres, se font cognoistre en ce
que leur substance tenuë, legere,
friable, lucide & transparante, de-
montre que la matiere d'iceux est

digerée, expurge de ces excremens
par la chaleur qui a consommé la
viscozité, & attennë la terrestrité:
Ainsi comme sa couleur, sa saueur
& odeur nous faict cognoistre pareille accidens. En ce qu'ils se font
laict mouillée, faict cognoistre la
subtilité de sa substance, facile à se
reduire à vn autre corps. Les deux
autres sont diametrallement contraire, parce que la pesanteur, dureté, amertume, & noirceur: Prouiennent d'vne matiere indigesté,
excrementeuse & bruslee. Les deux
premieres sont de complection
chaude & seiche au troisiesme degré, dont leur effects est qu'ils sont
mordicatifs, inflamatifs, ouurent les
orifices des veines, attirent les serozitez, affoiblissent, font vomir, &
purge la bile, tant crasse que tenue.
Pour les corriger de leur violences,
est qu'il est besoing de leur apposer

medicaments, contraires de qualitez elementaires. Premierement
en ce qu'ils font de vertu mordica-
tiue, caufée par leur fubftance tenuë, laquelle picque, & poinct les
thunicques, fibres, & orifices de l'e-
ftomach, qui faict fubuertion & vo-
miffement. Cefte qualité leur fera
oftée par medicaments incraffans,
& lenians, d'aultant qu'il adouciffét
les partes, par leur humidité quile-
nient, comme auffi ils époiffiffent
les humeurs par les incraffans, pour
ce faire il eft befoing de prendre vn
coing, expurgé de la femence, au
lieu de laquelle il fera mis de la fca-
monée, apres qu'il aura efté frotté
d'huille d'amende douce, ou huille
violat, pour la faire cuir dedans iceluy, lors qu'il fera enfermé dedans
de la pafte, en ce qu'icelle enflame,
& attire par trop en ouurant les orifices des veines, feront pris refrige-

rens, corroborans, & lenians. Lefquels en humectant , temperent
l'ardeur, adouciſſent l'impetuoſité
de la chaleur & ſeicherefſe, ferment
les orifices des veines comme ſont
les Muſcilages de la ſemēce de Beſ-
cilion, Maſtic, coings & adragant.
En ce qu'elles affoiblit les parties
nobles , ſera amendé par ceux qui
reconforte leur vertu. Comme le
Spica-nardy, bois d'Alois, Sendal-
citrin, & autres.

Agaric.

Sa generation vient deſſus des
troncs d'arbes corrōpues & pour-
ries par vieilleſſe , à la forme des
Champignons. Il en y a de deux
eſpeces, ſçauoir maſle & femelle,
l'vſage du maſle eſt veneneux, la femelle eſt alloüer , eſtant en ſa ſubſtance legere, porreuſe, friable, frā-
gible & où il ne paroiſt aucun fibre
de couleur tres-blanche, de ſaueur,

qui au commencement paroist
douce, puis amere, & à la fin Stiptique. Le masle, sa substance est
graue, difficile à triturer, & en le
rompant paroissent vne infinité de
fibres, de couleur noire, de saueur
amer, d'odeur graue. Les marques
de la femelle est que sa substance
porreuse, legere & friable. Demon-
tre que les parties aqueuses de sa
matiere, est consommée par la chaleur, Ces saueurs font recognoistre
la diuersité de ces qualitez. La
douce demonstre la digestion de sa
matiere en sa superficie, comme les
ayant la chaleur meury, l'amere que
icelle chaleur à elabouré les parties
terrestre, la Styptique signifie que
le froid domine celle du centre. Sa
couleur blanche que la chaleur a
consommé la quausité visqueuse &
excrementeuse, son odeur, sa digestion. Et en ce que ces Fibres ne

paroiſſent, faict voir que ſon humidité radicalle eſt bien entretenuë,
& non conſommée. Les marques
du maſle eſt que ſa ſubſtance peſante, graue, & difficille à triturer,
demonſtre la craciſſie de la quauſité
& terreſtrité excrementeuſe de la
matiere. Sa couleur noire que la
chaleur eſt imprimée en l'humidité
vitieuſe. Sa ſaueur amére que ſa
qualité eſt chaude & ſeiche en ſubſtance craſſe. L'odeur, l'indigeſtiõ,
Ces Fibres, la conſomption de l'humidité radicalle. La complexion
de la femelle eſt chaude au premier
degré, & ſeiche au deuxieſme, luy
faict qu'elle ſubtilize, incize, eſt car-
minatiue de ventoſitez, eſt aperi-
tiue, purge la pituite craſſe. Pour ſa
corection, en ce qu'elle apporte le-
zion és viceres, à cauſe qu'elles les
affoiblit, comme auſſi que ſon operation eſt tardifue. Il y ſera pour-

ueu

ueu par le gingembre, vin blanc, &
fel gemme. Lefquels ont ce pouuoir de deterger, fortifier, & acce-
lerer la tardiué de fon operation.

Le Thurbit.

Eſt la racine d'vne plante, pro-
duifant laict, femblable és foüilles
de ferulle, eſtans toutesfois plus
petites. Il y en y a de deux eſpeces.
Celuy des iardins, & le fauuage.
Celuy des iardins eſt à preferer, lors
qu'il vient és lieux fecs, & non humides & marecageux, auquel lieu
croiſt le fauuage. Les marques du
meilleur, eſt qu'il doibt auoir fa fubſtance legere, vuide, ronde, fans fibres, facile à rompre, vnie, & liſſée
de couleur blanche au dedans, &
cendrées en fon eſcorce. De faueur
acre, d'odeur propre. Le fauuage
eſt de fubſtance pefante, graue, ru-
de fur fon eſcorce, au dedans duquel paroiſſent force fibres, de fa-

H

ueur amére, de couleur noire, ou
iaulne, d'odeur forte. Celuy des
iardins estant de substance legere,
facile à rompre, demonstre que sa
matiere est consommée des parties
aqueuses excrementeuses, & que sa
terrestrité a esté attenué par la chaleur. En ce que ces fibres n'appa-
roissent, faict veoir que l'humidité
radicalle a esté entretenuë & nour-
rie. La blancheur, la consomption
des parties visqueuses, sa saueur
acre qui est de qualité chaulde &
seiche, en substance tenuë. L'odeur
sa digestion. Le sauuage est le pire,
demonstre par sa pesanteur que sa
matiere est engendrée des parties
aqueuses, terrestre & excrementeuses, sa couleur que la chaleur est imprimée és parties aqueuses, vicieu-
ses, & indigestes. Sa saueur, que sa
substance crasse est bruslée par la
chaleur, sa mauuaise odeur, son in-

digeſtion. La complection de celuy des iardins eſt chaulde au troiſieſme degré , & ſec de meſme. Il eſt
attenuatif, conſomptif, ſubuertit,
& purge le ventre. Deuant que le
mettre en œuure, il faut racler ſon
eſcorce de deſſus, & qu'il ſoit vuide au dedans. Il eſt corrigé pour
ttois cauſes. La premiere eſt en ce
qu'il eſt de tardiue operation, & ne
purge que le plus ſubtil de la pituite:
S'il n'eſt aidé par d'autres medicaments qui detergent, & incizent la
craſſiſie d'icelle, en laquelle corre-
ction, le gingembre eſt à preferer.
1a deuxieſme eſt en ce qu'il picque,
& poincte, les thunicques & fibres,
& qu'il faict ſubuerſion: Il eſt em-
peſché par les medicaments qui reconfortent, fortifient, & corroborent. Comme le maſtic, les trochiſ-
ques de Galia-Moſcata, Aromati-
cùm Roſatum. La troiſieſme eſt

H ij

que sa seichereſſe , conſomme noſtre humidité radicalle, l'on appoſe
des amendes doulces, ou ſon huille, ou bien autres medicaments,
qui en leniant, empeſchent qu'elle
ne ſoit conſommée.

La Rhubarbe.

Eſt vne racine prouenãt de bar-
barie, des Indes, & de Turquie, ſon
election ſe remarque en ce que elle
eſt de ſubſtance graue auec rarité,
de couleur ſouz noire declinant à
rougeur, laquelle en la rompant, ſe
trouue diuiſée de rouge & iaune,
qui eſtant moüillée teinct en coulleur de Saffran, de ſaueur amére, &
hoſtere, d'odeur bonne & ſuaue: Sa
peſanteur accompagnée de rarité,
faict veoir que ſa matiere eſt com-
poſée de partie terreſtre, ou la chaleur à domination : Son amertume
& ſtipticité que les parties ſuperfi-
cielles, ont eſté eſlabourées par la

chaleur: & que les parties centralles
font froides. Qui demonstrent sa
qualité chaulde & feiche, à la circõ-
ferance, & froide, & feiche au centre. La diuerfité de couleurs, eft que
la ouge faict voir fa digeftion, Cõme le iaulne fa fuperdigeftiõ en matiere craffe: Comme il paroift auffi
en fon odeur. Elle eft de complexion chaude & feiche, au deuxiefme
degré: Elle ouure, deterge, & purge la bile, tant en attirant que com-
primant. En ce qu'il approche au
plus pres de noftre temperature:
C'eft pourquoy il eft dict eftre medicament benin : Auffi n'a-il befoin
de correctifs. Si ce n'eft qu'il eft de
tardiue operation, & partant la ca-
nelle , le Sendal citrim , l'Efpica-
nardy , luy font propres.

Aloës.

Eft le fuc d'vne plante, qui vient
des Perces, d'Armenie, & d'Arabie,

Le meilleur est le succotrin : dont
les marques de sa bonté paroissent
quand il est de substāce legere, friable, de couleur iaulne, declinante
à rougeur, Lucide, Diaphane & trāsparant : De saueur doulce en son
commencement, qui change incontinent en amertume, d'odeur
suaue. Sa legereté & friabilité, demonstre que sa substance est expurgee de quauzité visqueule & excrementeuse: Sa couleur iaulne declinante à rougeur, faict voir la superdigestion de la matiere en ces parties terrestres & crasses, & aussi la
digestion des moyennes. Sa luciditté transparante, la mondification
& expurgation de ces excrements.
La douceur & amertume, sa qualité chaulde & seiche. Il est de complection chaude au deuxiesme degré, & seiche au troisiesme: Qui faict
qu'il desseiche sans mordication. Il

consomme les superfluitez, côserue
de putréfaction, ouure les orifices
des veines, deterge & purge la bile.
Il y a trois choses a quoy il peut estre
corrigé.   Le premier est en ce qu'il
est de tardiue operation, causee par
ces parties terrestres, Comme aussi
le foye n'attire à luy les choses amé-
res: que pource qu'il ouure les orifices des veines. Ces correctifs seront les medicaments attenuans,
rarefians , & incrassans.

Mirabolans.

Sont fruicts engendrez en plusieurs arbres d'Arabie. Il y en ya de
cinq especes, sçauoir Cytrins, noirs
Indiens, Chebulles & belleriques.
Les marques de la bonté des Cytrins, est qu'ils doiuent estre de substance graue , pesante, espoisse , &
pleins, ayant vne certaine gommo-
sité quãd on le rompt, leurs noyaux
petits de couleur iaulne, declinante

à verdeur. Les noirs, & les Indiens
sont petans difficiles à rôpre, graue,
& crasse, N'ayant point de noyaux
de couleur noire. Les chebulles &
Belleriques sont crasses , pesants,
noirs, declinant a rougeur. Tous de
saueur stiptique. Leur substance
nous demonstre que leur matiere
est composée de parties aqueules,
& terrestres , digerees selon leurs
couleurs, Côme celle des Cytrins
qui sont iaulne, declinât à verdeur,
que la chaleur est imprimée és parties humides , & le froid és parties
seiches, & ceux qui declinent a rougeur, que leur digestion est plus tê-
perée ; Leur saueur stiptique faict
voir leur qualitez froide & seiche. Ils
sont de complexion froide au-pre-
mier degré, & seiche au second. Il
purge en consommât la superfluité
de l'humeur pituiteuse & pourrie.
Il adderêt és intestins qui les ridêt:

oppilent le foye, les medicaments
qui rarefient & lenient; C'est à dire
ceux qui en attenuant humectent,
sont propres pour les corriger.

La Casse.

Est vn fruict apporté des Arabes,
son ellection est qu'il doibt auoir
son escorce defliée, & de couleur
purpurée : Laquelle en ces dimentions doibt estre ample, longue, &
pleine de substance pesante. Sa
moüelle doibt estre de substance
gluante, succulãte de saueur douce,
de couleur noire, & reluisante, &
d'odeur bonne. Sa substance demonstre que la matiere de sa moëlle
est composée des parties aërées &
aqueuses, sa couleur, que la chaleur
est imprimée en son humidité qui la
noircit : Sa saueur doulce laquelle
n'est aggreable, d'autant qu'elle af-
fadit, causée de sa trop grande humidité, laquelle lasche les ligamens

& fibres de l'estomach, elle est de complectió chaude au premier degré, & humide au deuxiesme. Elle lenie, rarefie, laue le sang en temperant la chaleur & terrestrité de la bille. Elle nuist en ce qu'elle lasche les fibres de viceres qu'elle debilite. Elle sera corrigée par medicamens, qui fortifient & corroborent, comme le Mastic, Rhubarbe, Mirabolans, Spica, & autres.

Thamarints.

Est vn fruict du Palmier sauuage prouenant des Indes, dont les marques de sa bóté, est qu'il doibt estre de substáce pesante & gluante, meslée auec plusieurs fibres: de couleur non du tout noire, luisante, de saueur douce, aigre, & vineuse.

Sa couleur noire prouiét du froid qui noircit les parties terrestres. Neantmoins la chaleur y contribut, moyennement son pouuoir és par-

ties humides, qui faict qu'elle n'eſt
parfaictement noire. Sa lueur prouient des parties aërées, Comme
fait ſa glutinoſité des parties aqueuſes, & terreſtres. Sa ſaueur teſmoi-
gne ſa qualité temperée, dont le
froid à dominatió par deſſus la chaleur. Sa complection eſt froide &
ſeiche, purge la bille, eſteinct l'in-
flammation cauſée par icelle. Il eſt
de tardiue operation, & offence l'e-
ſtomach. Les medicaments qui le
reconfortent & qui ſont aperitifs la
corrigent.

Colloquinte.

Eſt vn fruict dont il en y a de
deux eſpeces, le maſle & la femelle,
le maſle eſt veneneux, la femelle
eſt allouër, qui en ſa ſubſtance eſt
tres legere, ample, pollie, laxe, porreuſe, bien meurre, de couleur tres-
blanche, & de ſaueur amere. Sur la
circonferance du maſle naiſt vne

mouſſe, auec ce, il eſt de ſubſtance
peſante, graue, auec vne dureté &
aſpreté, & de couleur noire. La ſubſtance de la femelle nous faict veoir
que les parties viſqueuſes de la
quauſité & terreſtrité ſont conſom-
mées par la chaleur. Sa ſaueur amére, que ſa qualité eſt chaude & ſeiche, ſa blancheur, la conſumption
des parties craſſes excrementeuſe.

Le maſle demonſtre que les parties aqueuſes terreſtres & excremē-
teuſes, n'ont eſté conſommees par
la chaleur: laquelle les a noircy. La
femelle eſt de complection chaude
& ſeiche au troiſieſme degré. Elle
eſt reſolutiue, inciſiue, deterſiue,
purge le phlegme, & les humeurs
viſqueuſes des parties eſlongnees.
Il nuit à l'eſtomach, au cœur & au
foye, ouure les orifices des veines,
purge auec violance. Les medicaments qui fortifient & reconfor-

tent l'estomach, le cœur, & le foye,
comme sont ceux lesquels ont vne
viscausité gluante, qui en leniant
empeschent la consumption des
esprits, sont propres à les corriger.
Voila pour la congnoissance particuliere des medicaments : ou ie finiray pour parler.

De l'Or.

Lequel est vn mestal digeré par-
dessus les six autres. Son eslection
ne se manifeste par la doctrine, cóme les autres medicaments à cause
de sa substance impassible, laquelle
empesche à cognoistre ces accidens
inseparables : Mais bien nous le iugerons par la demonstration de sa
substance impassible, laquelle nous
faict considerer que ses Elements
dequoy sa matiere est cóposee, sont
si fort liez, coathenez & vnis ensé-
ble, qui ne peut estre que par la puissance esgalle d'iceux, qui faict que

l vn ne peut surmonter l'autre. Cela
est la raison pourquoy le feu ne le
peut consommer. L'air le corrompre, l'eau l'enroüiller, & la terre le
pourrir. Ce qui ne peut estre que
par sa parfaicte Coction ou dige-
stiõ: Sa pesanteur fait voir qu'icelle
est expurgee de tous excremens.
Son extention dont il n'y a rien au
monde qui s'estende & dilatte d'a-
uantage, nous indique sa forte liaison, & vnion en ces parties. Sa couleur iaulne que la chaleur domine
sur la matiere aqueuse & terrestre,
sa lucidité & pollissure que les parties aërées & aqueuses sont bien digerées. Ce qui est dict de l'or, l'on
n'en doibt de mesme entendre de
l'argent, estimãts tous deux parfais
en digestion : sinon que en la complection de l'or, la chaleur domine
comme la complection de l'argent,
le froid a principalle domination.

LE MAISTRE.

Puis que vous estes tombé sur la cognoissance de l'or, Ie desire que vous faciez comparaison des metaux, & des planettes. Auec les parties de nostre corps, affin de faire voir d'auantage la science speculatiue.

L'*Aspirant.*

L'homme est le tableau racourcy de ce grand monde, C'est pourquoi il est nommé le petit monde : D'autant qu'il a comme luy ces influences, ces elements & ses mines.

Ces esprits sont ces influances, ces humeurs, ces eleméts, Comme les parties, ces mines.

Or est-il que les elements sont contenuës entre le centre & la circonferance des globes de ce grand monde.

Les humeurs de l'homme font
moyennes, entre la fubtilité des efprits & la craffitie de ces parties.

La Sphere du Ciel eft compofé
de plufieurs globes, entre lefquels il
en y a fept qui font dominees par
fept Planettes: Les noms defquels
eft Saturne, Iupiter, Mars, Phœbus,
qui eft le Soleil, Venus, Mercure,
& la Lune.

Noftre corps à plufieurs parties,
dont il en y a fept, qui domment
les autres. Sçauoir la Ratte, le poulmon, le fiel, le cœur, les rongnons,
le foye & le cerueau.

La terre enclos en elle ces metaux: Sçauoir le plomb, l'eftain, le
fer, l'or, le cuiure, le vif-argent, &
l'argent.

En la Sphere du monde, il y a
deux planettes parfaictement nobles, Sçauoir le Soleil & la Lune.

L'homme à deux parties parfai-
ctemét

ctement nobles, qui est le cœur &
le cerveau

Les mineraux ont deux metaux
parfaictement nobles, sçauoir l'Or
& l'Argent.

La noblesse du Soleil & de la
Lune se faict voir en ce que le Soleil donne clarté au iour, Comme
la lune reuerbere la sienne lors qu'il
faict nuict leurs facultez & puissace
paroissent non seulement en ce que
par iceux toutes les choses d'icy bas
ont vie : Mais aussi en ce que par le
mouuement des deux, les années
sõt terminez, & par celuy de l'autre
chacun mois se finira au cours de cha
cune lune

Les sept Planettes ensemble font
les iours de la sepmaine

La noblesse de l'Or & de l'Argét
se demonstre par leur parfaicte digestion, laquelle faict que leur substance est impassible, qui resistent à

toute violence de feu.

La nobleſſe du cœur & du cerueau ſe verifie non ſeulement par
l'excellence de leurs parties: Mais
auſſi à l'effect de leur puiſſance, par
le moyen deſquels les eſprits vitaux
& animaux, ſont engendrez de la
matiere du ſang, prouenant du foye
par la communication & entremiſe
de l'eſprit naturel: laquelle matiere
ſanguine eſt attirée par la chaleur
du cœur, & diſtribuée par tout le
corps : Le cœur doncques à deux
puiſſances & facultez, ſçauoir irraſſible & concupiſſible, dont l'vne a
ce pouuoir d'embraſſer & retenir ce
qui nous eſt propre, & qui nous cô-
tante. Côme l'irraſſible de rejecter
ce qui nous nuiſt & nous deſplaiſt.
Le cœur par ſa chaleur influe au cerueau l'eſprit vital, qui ſert de cauſe
pour engendrer en iceluy les eſprits
animaux, qui ſont les intelligibles

& censibles: dont il y en a trois dedans les ventricules du cerueau,
pour les intelligibles. Sçauoir l'entendement, l'imagination, & la
memoire. Et cinq autres qui sont
les sensibles dehors iceluy, lesquels
ont leur partie à part. Sçauoir la
main pour le toucher, & tout le
corps, la langue pour gouster, le nez
pour odorer, les yeux pour veoir,
& les oreilles pour oüyr. Le cœur
doncques engendre les esprits vitaux qui les enuoyent à toutes les
parties de nostre corps, par le moyé
des arteres. Comme les esprits a-
nimaux sont poussés dedás les nerfs
pour estre distribuez aussi par tout
nostre corps: affin que chacune partie ait mouuement & sentiment.
Comme les esprits naturels donne
nourriture par le moyen de la matiere engendrée au foye, laquelle
prouient du chille, à luy distribué,

par le moyen des veines mesanthe-
riques, qui l'attirent de l'estomach,
laquelle matiere se faict sang en
iceluy foye, receuë par la veine
porte, laquelle apres sa digestion est
enuoyé au gros tronc qui est la
caue, qui comme vne mer reflue le
sãg, par toutes les autres veines, tãt
descendante, que accidente, lequel
sang est la matiere qui nourrist tout
le corps: & duquel nos autres humeurs sont engendrees selon la faculté de nos parties qui les attirent
d'iceluy. Lesquels humeurs se peuuent accomparer aux elements, à
cause qui simbolisent ensemble de
qualitez. Car cõme le feu est chaud
& sec, la bille est chaude & seiche,
l'air est humide & chaut, le sang en
est de mesme, l'eaue est froide & humide, Ainsi en est-il de la pituite, la
terre est seiche & froide, la melancholie en est de mesme. Dont leur

ii

temperature ou bonne complexiõ
est quãd chacune d'elles se tiennét
ès bornes de leurs qualitez comme
l'intemperie ou mauuaise complec-
ction se fait quand elles en sortent.
Dont la cognoissance de leur bõté,
ce manifeste par leurs accidents inseparables. Comme il est demonstré au sang: lequel est en sa bonne
complection & temperature : Est
quand sa substance est moyenne, de
couleur rouge, de saueur doulce. 1

La bile est de substance crasse,
de couleur iaune, de saueur amére.
La pituite est de substance crasse,
de couleur blanche, de saueur incipide. La Melancholie de substance
crasse de saueur, ostere, de couleur
noire.

Il y est à notter pour la substance
que tout ainsi comme nostre corps
est composé de trois sortes de substances: Sçauoir tenuë, crasse & dis-

fimileres, les efprits pour la tenuë,
les humeurs pour la diffimileres, &
les parties pour les craffes. Ainfi en
eft-il de nos humeurs, qui comme
metoyens entre les efprits, & les
parties tiennent lieu au milieu des
deux, dont les fubtilles produifent
tant les efprits que les ferozitez, côme les craffes les parties. Quãd nos
humeurs font fubtilies, cela ce faict
par le moyé de la chaleur, qui en les
fondãt les fait eftre de faueur douce
ou acre: comme le froid en les attenuant, les faict eftre de faueur aigre.

Les marques des humeurs de
mauuaife complection, ce cognoif-
fent lors que le fang en ce côrrom-
pant ce change és autres humeurs,
felô l'excez qui dominét fur fa qualité. La bile en ce changeant cor-
rompt fa fubftance craffe, en tenuë,
fa couleur iaune en verte, quãd elle
fe pourrit, & noire quand elle fe

bruſle. La pituite ſe change en deux
manieres, Sçauoir par la chaleur, &
par le froid, quand l'vne ou l'autre
domine plus qu'il n'eſt requis. La
chaleur la rend de ſaueur douce ou
ſalée, de couleur verte ou iaune: Le
froid la rend de couleur vitrée, de
ſaueur aigre ou oſtere, & s'il domine
en plus haut degté, il la rēd de ſubſtance, couleur & ſaueur ſemblable
a du plaſtre. La melancholie eſt cor-
rōpuë tant par l'excés de la chaleur
que du froid. La chaleur en la bruſ-
lant l'a rend de couleur noire, de ſaueur améré ou aigre, ſi améré ſa ſubſtance ſera craſſe: ſi aigre, ſa ſubſtāce
ſera tenuë, icelle ce cognoiſt ſi elle
eſt iettée ſur la terre elle boüt, &
s'eſleue en petites bouteilles. Quād
le froid excedde ſa qualité, il faict
qu'il l'endurcit & la rend de ſaueur
oſtere ou acerbe. De ces humeurs
ſuſdicts de complection intempe-

I iiij

rées, en prouient quatre thumeurs
contre nature. Sçauoir le Phlegmõ
qui prouient du sang , loédeme de
la pituite, l'Erefipelle de la bile, & le
Schirrhe de la melãcholie. Il arriue
de plus finiftres accidens en nature,
que ces thumeurs: Lefquels doiuét
eftre referées & attribués és caufes
formelles des maladies , lefquels
produifent de merüeilleux fimpto-
mes dont la cognoiffance en appar-
tient à Meffieurs nos Medecins: A-
lart defquels ie laifferay pour venir
à la generation de ces humeurs naturelles, attirées des parties qui font
leurs mines, dedans lefquels ils font
preparées felon leurs qualitez, par
la vertu de leurs facultez.

Lefquelles parties peuuent eftre
accomparez tant au fept Planettes,
qu'au fept métaux. D'autant qu'ils
produifent mefmes effects, que les
planettes , & font de pareille qua-

lité que les metaux. Comme il me
fera fort aifé à iuftifier, confideré le
Soleil en fa qualité chaude & feiche, par lequel faict par le moyẽ de
fon mouuement & de fa lumiere, in-
fluer la vie à toute chofe d'icy bas,
comme il fe remarque quand il s'approche de noftre orizon, entrant en
fa maifon du mouton, alors qui
nous donne le printemps où l'on
voit les vegetaux croiftre & augmenter.

Le cœur qui fe rapporte au Soleil eft chaud & fec en fa complection, lequel engendre les efprits
vitaux, qui influent dedans les are-
teres, donnent la vie à tous les autres parties, par fa chaleur & mouuement.

L'or eft chaud & fec & par confe-
quant femblable de qualité au Soleil à noftre cœur: la faculté duquel
augmente noftre chaleur naturelle,

& noſtre humidité radicalle, qui fait
que toutes nos maladies ſont guaries ; (eſtant pris quand il eſt rendu Potable) d'autant qu'il purifie
noſtre ſang, en chaſſant d'iceluy
tout ce qui empeſche qui ne ſoit
pur & net.

La Lune eſt de qualité froide &
humide qui comme vne glace polie
ſert d'inſtrument pour contenir à
elle la chaleur que le Soleil luy diſtribuë, laquelle eſtant reuerberée
faiſt que l'air en eſt ſubtilié lequel
puis apres eſt repercuté par la froideur d'icelle, qui ſert de matiere
pour la nourriture des vegetaux.

Le cerueau à les meſmes facultez
& qualitez que la Lune, Sçauoir
froide & humide. Lequel eſtāt aidée
par la chaleur du cœur, met en eui-
dence ces effects qui ſont tels. Sçauoir, eſt que l'eſprit vital eſtāt porté
à la tiſſure du reths admirables, de-

dans lequel la matiere qui engédre
les efprits animaux y eft contenuës:
puis incerez & affinées dedans les
vétriculles d'iceluy, qui eftát reper-
cutée par fa froideur fót portez dedans les nerfs mols & durs qui les
diftribuët, Sçauoir les mols en nos
cinq fens : & les autres apres qu'ils
ont paffé la nucque , icelle les renuoye aux nerfs durs : lefquels donnent le mouuement & fentiment.

L'argent eft de qualité froide &
humide par la demonftration de fa
couleur qui nous le iuftiffie : & par-
tát fimbolize en qualité au cerueau,
auffi eft-il femblable à luy par fim-
pathie pour fa conferuation, quand
il eft rendu Potable.

Iupiter eft chaud & humide: auffi
eft-il pere de la generation , par le
moyen qu'il influë en la matiere generatiue fon humidité, laquelle eft
digeree par fa chaleur, qui la purifie

en chaſſant & ſeparant d'icelle les choſes ſuperflus & excremente uſe en ſubſtance ſubtilles.

Le poulmon eſt auſſi de qualité chaude & humide : lequel entretient la chaleur vitalle de noſtre cœur, par le moyen dequoy noſtre vie eſt entretenuë, en chaſſant d'iceluy les fumées fulgineuſes. Côme auſſi il attire l'air qui nous enuirône, qui ſert de matiere pour rafraiſchir iceluy. L'eſtain eſt de qualité pareille au poulmon, ſçauoir chaud & humide, lequel eſtant deuëment preparé, rarefie iceluy, donnant vóyes aux vapeurs & ſuperfluitez prouenant tant de luy, que des parties circonuoiſines.

Mars eſt chaut & ſec, & partant à domination ſur le feu, par le moyen dequoy les choſes creuës ſont digerées par la coction qui ſe faict de matiere craſſe, indigeſte, & creuë,

qui se purifie en separant & triant le
pur de l'impur.

L'humeur contenuë au fiel qui
est la bile, qu'on accompare à Mars,
qui la domine est chaude & seiche
laquelle produict en nous les mesmes effects comme iceluy: laquelle
estant glissee aux intestins, elle irite
la faculté expultoire qui faict chasser dehors les excremens cōtenuës
en iceux.

Le fer est chaud & sec estant deuement preparé, lequel à particulier
esgard au fiel: chassant de nous la
maladie de la iaunisse: Comme le
Caliby preparé, est vn souuerain
remede aux palles-couleurs.

Venus est chaude & humide, aussi
est-elle mere de la generation, laquelle dispose les parties generatiues à produire leur fruict.

Les rongnons sont chauds &
humides: l'effect desquels est d'esla-

bourer la matiere generatiue qu'ils
attirent tant de la maſſe ſanguinaire,
que des autres parties, qui diſtri-
bue aux teſticulles, qui l'affinent,
pour la conſeruation des indiuidus.

Le cuiure eſt chaud & humide
qui eſtant preparé conſerue les rongnons en rarefiant les parties, leniāt
& expurgeant les humeurs gluan-
tes, viſqueuſes & ſchirreuſes, qui
bouchent & ferment les conduicts.

Le mercure eſt chaud & humide
la faculté duquel eſt d'attirer, retenir, & digerer les choſes qui ſont
de conſanguinité, & reiecter & ex-
purger celles qui luy ſont contraires.

Le foye eſt chaud & humide, lequel attire à luy les choſes douces,
dont il eſt amoureux : qui apres les
auoir digerees, aſſimilez & reduicts
en ſa qualité, les renuoye à ſon
magaſin qui eſt la veine caue: pour

le distribuera à toutes les autres parties.

Le vif-argent preparé est chaud
& humide en son occulte, Comme
froid & sec en sa qualité manifeste:
l'effect duquel est de rarefier les veines capillaires du foye, & chasser
d'iceluy le venim par repercution:
Comme il se voit par l'application
de l'vngant de Morbo.

Le Saturne est de qualité froide
& seiche: l'effect duquel est d'affermir, fortiffier les parties de nostre
corps, par la solidité de la matiere
terrestre, sur laquelle il a principalle
domination. La ratte, à ceste faculté
d'attirer de la masse sanguinaire la
matiere crasse & terrestre qui est
l'humeur melancholicq, contenue
dedans icelle: laquelle est froide &
seiche en sa substance crasse, du re-
nue, dont l'effect de la crasse est de
fortifier & affermir, & la tenue d'v-

nir & fermer à elle les parties.

Le Plomb est froid & sec en sa
qualité actuelle & chaud & humide
en sa potentielle, ou l'effect de laquelle
est de rarefier la ratte & incizer l'humeur gluante, & visqueuse, & a-
mollir la tumeur Schirreuse.

LE MAISTRE.

Ceste comparaison à bonne grace pour faire voir que nos parties
sont en pareil degré de qualitez,
que les metaux, semblable
aux planettes. Aussi ce n'a esté sans
grande raison, Que les philosophes
ont donné à iceux metaux, nom de
chacune Planette, d'autant qu'ils
n'ont pas moins de proprieté à con-
server nostre santé que les Planettes
ont de force à nous entretenir en
vie, dont l'effect de chacune est au

Ie concluray doncques, & diray

que

que l'or, non seulement est le plus noble metal du monde : Mais aussi le premier de tous les autres medicaments quand il est rendu Potable, Comme il se faict par vne seule matiere, prise du masle & de la femelle de pareille essence que luy, le nom de laquelle ne se doibt nommer, d'autant que ce seroit prophaner les secrets de nature, & offencer les Philosophes, qui ne l'ôt trouuée que par vn assidu labeur, par le moyen duquel ils ont recognu que en la generation de l'or és mines de la terre, ce faict d'vne semence, dont tous les autres metaux sont engendrez : Ayant bien consideré que la diuersité des formes d'iceux metaux , & leur generation ne procedde de la matiere de leur seméce; d'autant qu'il n'y en a qu'vne seule qui les engendre tous : Mais leurs differences prouient des astres, l'in-

K

fluence defquels difpofent icelles
matieres à receuoir & prendre la
forme, laquelle fe faict tant par la digeftion ou indigeftion d'iceux, felõ
les lieux & climats, ou chacun
d'eux font affis & fcitués, qui les engendrent felon la qualité d'iceux
climats. Ainfi à la preparation de
l'or, l'Art prend femblable matiere,
laquelle ne peut eftre que és metaux
dont la fubftance metalicque cache la femence de l'or foubz fon
ombre : Car de l'aller chercher ail-
leurs qu'en fon femblable, feroit fe
mocquer de la mefme nature, puis
qu'icelle nous faict occulairement
veoir, que chacune chofe eft engédrée par fon femblable. Non que
les metaux en leur forme metalicque, foit la femence de l'or, attendu qu'iceux font morts, & partant
ils ne peuuent eftre viuifiez, fi ce
n'eft que icelle forme ne foit redui-

æte en leur premiere matiere : en laquelle fort le germe qui prepare l'Or & le rend Potable, par le moyé dequoy on fe peut affeurer d'auoir le plus beau threfor du monde, eftãt la baze & fondement de tous les autres medicaments, par où on paruient à la guarifon de toutes fortes de maladies, qui ne peut eftre qu'au proffict de la Republique, à l'honneur de Meffieurs les Medecins & des Appoticaires, & à la gloire de DIEV, qui fe manifefte & magnifie en ces œuures.

I'ay dict.

FIN.

EXTRAICT DV
Priuilege du Roy.

PAR grace & priuilege du Roy, il
est permis à GODEFROY ROVSSEL
Maistre Appoticaire à Paris, de faire
imprimer, exposer & mettre en vente
par tout le Royaume de France, vn
Liure intitullé *Les Secrets descouuerts des
Arts, tant de Pharmatie, que de celuy de
Distiller, vulgairement nommé Alchemie
ou Spargirie, &c.* Et sont faictes tres-
expresses inhibitions & deffences à
tous Libraires ou Imprimeurs d'imprimer ou faire imprimer, vendre ou
distribuer ledict Liure, sans l'expresse
consentemét dudit ROVSSEL, à peine
de confiscation desdicts liures, & de
mille liures d'amende, & de tous des-

pens dommages & interests, durant le
temps & espasse de six ans, à commencer du iour qui sera acheuё d'imprimer, qui est le quatorziesme iour du
mois de Ianuier, Mil six cens treize.
Comme il est plus à plain demonstré
par ledict Priuilege.

Donné à Paris, le quatorziesme de
Nouembre, Mil six cens douze.

Signé,   BRIGARD.